푸른 하늘 저 멀리 랄랄라
유 돈 언더스탠드

송선호 희곡

푸른 하늘 저 멀리 랄랄라 · 유 돈 언더스탠드

동문출판사

머리글

　　　　여기 적어놓은 두 편의 이야기는
　　　　죽은 이의 흔적을 안고 살아가는 사람들이
　　　　진실을 갖기 위해 애쓰는 모습을 담은 것입니다.

　　　　이야기 속 등장인물들은
　　　　기억의 재생, 또는 재구성을 통해
　　　　죽은 이와 진정한 관계를 맺고자 합니다.

　　　　현재를 견디어 내는 이들에게 필요한 것은 욕망입니다.
　　　　의지의 씨앗이 될 욕망을 불어넣으려는 시도가
　　　　무대에서 실현되기를 희망합니다.

　　　　　　　　　　　　　　　　　　2021년 가을
　　　　　　　　　　　　　　　　　　양수리에서
　　　　　　　　　　　　　　　　　　송선호

차 례

푸른 하늘 저 멀리 랄랄라

무한 공간 속을 떠다니는 세포 하나의 고독

초연 - 〈코스모스 속 세포 하나의 고독〉

2018. 9.14 - 22
미마지아트센터 눈빛극장. 서울
극단 유랑선

등장인물

영

의연(依然)

찰리

수민

요셉

영상 속의 죽은 이, 여자, 소년, 여인, 청년과 그들의 소리는 다섯 명의 등장인물이 맡는다.

물방울, 기포, 풍선과 같은 동그라미들이 떠다니는 공간.
가운데에 길이 있고, 길가에 꽃들이 피어있다. 꽃들 사이로 마이크 두 대.
여러 개의 책상과 의자, 싱크대, 침대, 냉장고 등이 놓여 있다.
등장인물들은 모든 공간을 공유한다.
떠다니는 동그라미에 사진, 그림, 텍스트, 영상 등이 투영된다.

1. 기록의 성격

술잔을 들고 선 영.
시간을 확인하고, 이야기를 시작한다.

영　　이 이야기는…… 이 이야기는 어떤 기록에 관한 것입니다. 죽은 사람
　　　이 남긴 기록이죠. 저는 이 단편적인 기록을 토대로…… 이 단편적인
　　　기록에 관해 이야기를 해볼까 합니다.
　　　이 기록은 얼마 전에 죽은 사람의 컴퓨터에서 발견한 겁니다. 폴더명
　　　도 없어요. 그냥 '부엉이' 뭐 그런 거죠. 아주 깨끗하게 정리된 컴퓨터
　　　에 이런 게 남아 있었습니다. 아, 그렇다고 대단한 건 아니에요. 이게
　　　단서가 돼서 보물을 발견한다거나 살인범을 잡는다거나 과거나 미래
　　　로 가서 지구를 구해낼 무슨 비밀을 캐내는…… 그런 대단한 이야기가
　　　펼쳐지는 건 아니고요, 그러니까 어떻게 보면 그냥 평범한 얘기일 수
　　　도 있는 그런 거예요. (서류 같은 것들을 보이며) 파일의 문서를 출력한
　　　거고요. 보다시피…… 적은 분량의 기록이에요.

이건, 이야기를 구상하면서 초기 단계의 생각들을 아주 거칠게 기록해 놓은 것들이에요. 만든 사람은 보여주고 싶지 않겠지만 사람들은 이런 거…… 보고 싶어 하죠, 호기심을 자극하니까요. 쓰고자 했던 게 소설인지 대본인지 시나리오인지 알 순 없지만 아무튼 어떤 이야기를 위한 구상인 것만은 분명해요. 그러니까 이건 본격적인 글쓰기의 준비 단계라고 할 수 있겠죠. 이 단계에서 중요한 건 자신이 하고자 하는 이야기가 정말 가치 있는 이야기인지를 판단하는 일인데 그게 쉽지 않죠. 쓰는 것보다 어려운 일이에요. (기록을 보며) 제목은…… 없어요. 제목이야 뭐, 마지막에 붙일 수도 있으니까. 아, 저는 이분의 제자입니다.

수민의 방이 보인다.

영   선생님의 죽음을 알려준 사람은 가족이 아니라 선생님의 애인이었어요.

수민과 요셉이 침대에 앉아 있다.

수민   이소룡 알아요?
요셉   그럼요. (이소룡 모션) 아뵤-!
수민   어떻게 알아요?
요셉   어떻게? 다 알아요, 이소룡.
수민   영화 본 적 있어요? 이소룡 영화.
요셉   영화…… 아니. 그냥 잠깐씩 나오잖아요, TV에. 영화…… 뭐가 있지?

수민이 마우스를 클릭하면 〈정무문〉이 스크린에 영사된다.
두 사람, 말없이 스크린을 응시한다.

요셉   좋아해요?

수민   특별히……

요셉   그러니까. 좋아할 것 같지 않은데……

수민   영화는 다 좋아요, 영화배우도.

요셉   흠-

수민   이 사람, 서른두 살에 죽었으니까…… 우리 나이로 서른 셋, 넷?

요셉   내 나이에 죽었네.

수민   퀸엘리자베스 병원에서 사망했대요. 홍콩……

요셉   홍콩.

수민   (사이) 홍콩 가봤어요?

요셉   아니.

수민   난 가봤어요. (사이) 퀸엘리자베스 병원.

요셉   홍콩에 있는 병원?

수민이 고개를 끄덕인다.

요셉   (웃으며) 이소룡이 죽은 병원이라서?

수민, 다시 한번 끄덕.

요셉   그래서 뭔가 찾아냈어요?

수민, 요셉을 쳐다본다.

요셉   헤어진 남자가 이소룡 좋아했다는 거잖아요.
수민   ……
요셉   아니에요?

수민, 웃는다.
요셉이 수민 쪽으로 와서 파일을 들여다본다.

수민   모르죠…… 좋아한 건지…… (사이) 난 잘 모르니까.
요셉   이 정도면 장난 아니네. 사진, 영상, 〈이소룡의 생과 사〉…… 마니아네.
수민   그렇지도 않아요. 거의 인터넷에 뜨는 것들이니까. 그 이상은 없어요.
        정말 그랬다면 특별할 텐데…… 특별한 건 없어요.

요셉이 뒤에서 수민의 몸을 만진다.
수민, 눈을 감는다.

영   선생님의 죽음을 전해준 여자. 젊은 여자의 목소리였어요. 선생님과
        는 어쩐지 매치가 잘 안 되는 타입의 여자였어요. 사람은 누구나 자기
        가 가지지 않은 것에 끌리게 되죠. 자기와 성격이 다른 사람에게 끌리
        는 것도 그런 거잖아요. 아, 그 여자, 직접 만난 일은 없어요. 요즘 같
        은 시대에 필요한 건 다 (컴퓨터를 가리키며) 주고받을 수 있는데 굳
        이…… 그런데 어떻게 아냐고요? (사이) 목소리. 목소리로 알죠. 목소

리에는 많은 게 담겨 있으니까요. 항암치료를 거부하고 죽음을 기다리던, 그 마지막 시간을 선생님과 같이 지냈던 여자. (마치 수민을 눈앞에 두고 말하듯) 안 어울려요.

〈정무문〉의 사운드 사라진다.

영   장례식이라고 할 수도 없는, 그냥…… 절차가 모두 끝난 다음 연락이 왔어요. 선생님의 여자로부터. 가족들한테도 알리지 않은 죽음. 그게 가능한 일인지…… 일어난 일이니까 뭐…… (사이) 다른 사람, 남의 가족…… 알 수 없죠, 제각기 다 사정이 있는 거니까. (사이) 제가 선생님 제자인 건 맞지만 그렇다고 무슨 수제자라거나 아니면 각별한 관계였다거나 뭐 그런 게 아니라서…… (사이) 일단 아는 게 별로 없어요, 선생님에 대해서. 가족 얘기도 들은 적이 없고요. 가족이 있겠죠. (기록을 다시 한번 보고) 아니, 있었어요.

찰리가 일하는 약국.
찰리가 의연에게 최면을 걸고 있다.

찰리   자, 지금 있는 곳이 어디죠?
의연   어떤 여자의 방……
찰리   뭐가 보이죠?
의연   블라인드에 나무 그림자가 흔들려요…… 그리고 냄새…… 남자가 커피를 만들고 있어요.
찰리   또 누가 있죠?

의연   욕실에 여자…… 샤워 중이에요. 매끄러운 몸 위로 뜨거운 물이 튀어
       요. (사이) 여자가 나와요. 남자가 돌아보고 웃어요…… 나무가 흔들려
       요. 블라인드가 한 폭의 그림 같아요…… 남자가 여자를 안고…… 키
       스를 해요……

       수민의 공간.
       수민과 요셉이 키스한다.

찰리   아는 남잔가요?
의연   아니…… 모르겠어요. 어디선가 본 것 같기도 하고……
찰리   그 여자는 누구죠?
의연   그 여자…… 그 여자예요……

       요셉, 수민의 몸을 계속 만진다.

수민   (독백처럼) 항상 뭘 찾는 것 같았어요, 내 몸에서. 멈추라고 할 수 없
       을 정도로 집중해서. 그리고 그게 그렇게 나쁘지 않았어요. 처음부터
       그랬던 것 같아요. 세포를 하나씩 들추어내는 것처럼 내 몸에서 마치
       뭘 찾는 것처럼……
영   아마 뭔가를 찾고 있었을 거예요, 여자에게서. 찾았을까요? 혹시 모
       성? (웃으며) 그건 좀…… 아니면 친밀감? 단 한 번만이라도 좋으니 사
       람에게서, 타인에게서 친밀감을 느끼고 싶다……
요셉   (수민의 몸을 만지며) 이렇게 하면 좋아요?
수민   병원에서 검진받는 느낌?

요셉　(멈추며) 이게?

의연　늘 꿈에 나타나는 그 여자…… 여자가 창가로 가요…… 맞아요…… 늘 나타나는 그 여자예요.

찰리가 시험 삼아 의연의 머리카락을 만져보려고 하는 순간, 의연이 눈을 뜨고 찰리를 쳐다본다.
찰리의 손이 멎는다.

의연　같이 아르바이트하는 여자애한테도 이거 했어?

찰리　아니, 안 했어.

의연이 일어나 겉옷을 걸친다.

찰리　너한테 처음 해본 거야.

의연　염색체가 어떻게 만들어지는 거야?

찰리　응? 음…… 세포벽에서 떨어져나온 게 모여서…… 막대기처럼.

의연　왜 모이는데?

찰리　왜? 모이면…… 에너지가 더 강해지니까.

의연　에너지?

찰리　에너지. 그래, 에너지. (사이) 왜? 유전자에 관심 있어?

의연　그건 어떻게 생존하는 건데? 그것도 호흡을 해?

찰리　그럼, 생물인데.

의연　유전자가 몸속에 있다는 건 생각도 유전된다는 걸까.

찰리　그럴걸.

의연   ……

찰리   생각이 만든 정보가…… 음…… 유전자를 구성해서, 그게…… 그 사람
        의 유전형질이 되는 거니까……

        수민의 공간.
        요셉이 몸을 일으킨다.

요셉   다른 남자한테는 그러지 말아요.

수민   ……

요셉   (웃으며) 상처받아요.

수민   미안해요.

요셉   어디 아파요?

        수민, 가볍게 고개를 젓는다.
        의연, 자신의 공간으로 간다.

찰리   그 여자가 누군데?

의연   아빠 여자.

찰리   만났어?

의연   아니.

찰리   ……

의연   그냥 자꾸 나타나, 꿈속에. 다른 남자하고 같이.

찰리   남자?

의연, 고개를 끄덕인다.

찰리   남자까지 데리고 나오는구나.

    사이.

의연   엄마 생각나?
찰리   (초콜릿을 먹으며) 누구 엄마? 우리 엄마? 그럼, 생각나지. 넌 엄마 생
    각 안 나?
의연   응.
찰리   나도 아빠 생각 안 나. 넌 니네 아빠 생각나잖아.
의연   ……
찰리   사실은 잘 생각 안 나, 엄마.
의연   나도 잘 안 나, 아빠. 졸업하고 세 번 만났어.
찰리   아저씨, 생각나.
의연   그런 식으로는 다 생각나지. 내 말은…… 그런 거 말고. 아빠로서 생
    각이 안 난다는 거야.
찰리   아저씨가 나한테 정말 잘 해주셨는데.
의연   (물끄러미 찰리를 보며) 그래?
찰리   너보다 나한테 더. 동화책도 써주고.
의연   ……
찰리   우리 둘이 주인공인 이야기.
의연   ……
찰리   눈사람이 변해서 소녀가 되고, 사랑하는 사람을 따라 여름 왕국으로

여행을 떠나고, 마지막에 불꽃 속으로 사라지는 이야기…… 너 눈꽃 소녀라면서 맨날 보자기 뒤집어쓰고 그랬잖아.

의연, 일어난다.

찰리   나도 엄마로서 우리 엄마 생각 안 나.

의연이 찰리를 한번 쳐다본다.

의연   최면술, 그런 거 하지 마. 약사가 무슨 최면이야.

찰리, 초콜릿을 먹는다.

의연   초콜릿 그만 먹어, 찰리.

찰리, 먹던 초콜릿을 내려놓는다.
수민의 공간.
수민이 요셉의 곁에 앉는다.

요셉   (정면을 보고) 확실히 다르긴 다르네, 근육이.
수민   세상에서 가장 잔인한 근육이래요.
요셉   이소룡 근육이? 누가 그래요?
수민   ……
요셉   근육주사를 얼마나 맞았을까……

요셉, 웃옷을 다시 벗고, 운동을 시작한다. 푸쉬업, 윗몸일으키기……

요셉 이소룡이 UFC 같은 데 나가면 폼 나겠는데. 무슨 급으로 나가야 되
는 거야, 이소룡이 무슨 급이야? 페더급? 그럼 알도, 할로웨이하고 붙
는 거네? ……정찬성?

영, 일어난다.

영 가끔 UFC 얘길 하셨어요. (기록을 보이며) 이거하고 안 어울리죠. 난
끔찍해서 안 보지만…… 그런 게 있겠죠. 머리로 살아가는 사람들이
탐닉할 만한 게…… 살아있는 인간의 한계를 보여주잖아요. 강인한
육체, 동물적인 감각, 극한의 훈련에서 나오는 반응력…… 짐승 같
은 눈빛…… 옥타곤을 꽉 채우는 존재감이라는 게 보통의 인간은 어
렵잖아요.

의연, 책이 있는 공간에 서 있다.
의연의 기억 속.
수민과 전화 통화를 한다.
수민이 희미하게 보인다.

수민 (통화하듯) 동영상, 사진 파일…… 사진 파일은…… 외국 작가들인 것
같아요. 그리고 심사평 같은데…… 잘 모르겠어요. 그런 파일이 있어
요. 물건들은 모두 정리하셨어요. 남아 있는 게 하나도 없어요. 칫솔

도.

의연	(통화하듯) 네.

수민	……

의연	(통화하듯) 아버지하곤 거의 왕래가 없었어요. 저보다 더 잘 아실 거예
	요, 아빠에 대해서.

수민	(통화하듯) 파일 보내드릴까요?

의연	(통화하듯) 네. 아니…… 네. (정중하게) 직접 만나 뵙고 인사를 드려야
	하는 게 도리인데 죄송합니다. (사이) 감사합니다.

수민	……

	수민의 공간, 조명 어두워진다.
	의연이 책상에 놓인 책들을 본다.
	책장을 기계적으로 넘긴다.
	찰리, 들어와서 책들을 살펴본다.

찰리	공부해?

의연	이번 주에 도서관에 행사가 있어. 할머니한테 못 갈 것 같아.

찰리	내가 갈게.

의연	아르바이트는? 약국.

찰리	괜찮아, 다른 애하고 바꾸면 돼.

의연	고마워. 할머니 어때?

찰리	똑같아. 날 알아보는 것 같기도 하고…… 가벼운 폐렴 증상이 있었대.
	그냥 가벼운 거래. 열이 올랐다 내렸다 해.

의연	(책 한 권을 건네며) 이게 무슨 내용이야?

찰리 (책을 받아서) 사르트르…… 음…… 몰라. (사이) 니가 빌린 거잖아. (한쪽에 놓인 다른 책들을 보고) 도서관 그만두고 공무원 시험 볼 거야?

의연 알면서. (사이) 도서관에서 아빠 이름으로 검색해봤어. 책이 꽤 많던데. 논문도 많고.

찰리 그래?

의연 재미없을 것 같아.

찰리 그래?

의연 그냥 이런 사람이었구나…… 그리고 무덤덤.

       찰리, 초콜릿을 꺼내 먹는다.

찰리 할머니 돌아가시면 어떻게 하지, 우리?

의연 이 집에서 우리가 같이 살긴 좀 그렇지.

       찰리, 의연을 바라본다.

의연 그렇겠지. 아무래도.

찰리 그럼. 너하고 나하고는 진짜 형제도 아니고.

의연 (고개를 끄덕이며) 음.

찰리 니네 아빠하고 우리 엄마하고 잠깐 부부였다는 것 말고는 뭐 아무것도 없잖아. 할머니 돌아가시면.

의연 맞아.

찰리 어떡하지? 할머니 돌아가시면. (일어서서) 어떡하지, 어떡하지……?

찰리, 냉장고를 한번 열었다 다시 닫고 중얼대면서 나간다.
의연, 사진 한 장을 꺼낸다.
사진을 보면서 걸어 나온다.
공중에 떠 있는 동그라미에 사진이 나타난다.

사진
〈왕자와 거지〉를 공연하는 마크 트웨인의 딸.

영   선생님이 좋아하는 사진이었어요.
      마크 트웨인의 딸, 그리고 동네 꼬마. 마크 트웨인이 쓴 〈왕자와 거지〉
      를 연극으로 만들어서 노는 아이들이에요. 즐거웠을 것 같아요. 자
      기 딸에게 들려주기 위해 쓰는 이야기. 이야기 중의 이야기죠. 선생
      님이 했던 말이 생각나네요. "이 정도는 돼야 이야기꾼이지. 우린 재
      능이 부족해. 동기도 부족하고. 기껏 이야기를 꾸민다는 게 흉내나 내
      고, 짜 맞추고, 억지나 부리고…… 딸에게 들려주기 위한 이야기……
      멋있잖아."

사진, 사라진다.

영   (책들이 놓여 있는 곳으로 가서) 연구실에 남아 있던 책입니다. 음……
      그러니까 책을 모두 처분했어요, 선생님 혼자서. 연구실과 집에 있던
      책들을, 그 여자하고 함께 살던 집이요, 다 처분한 겁니다. 그리고 남
      아 있는 건 이것뿐이에요. 소설 몇 권, 하니프 쿠레이시도 있고……
      레이먼드 카버…… 이반 코즈로프…… 키에르케고르, 헤겔, 〈자본론〉

····· 〈저지대〉, 〈고리오 영감〉, 〈말테의 수기〉····· 뭉크····· 그런데 말입니다 (웃음) 〈빌딩 부자들 - 평범한 그들은 이렇게 빌딩 부자가 되었다〉, 〈2020 부의 전쟁〉. (사이) 죽음에 임박해서 장서들을 다 없애고 마지막까지 남아있는 거라면 대개 의미 부여하죠. 남은 것들은 남아 있는 자들의 몫이니까요. (사이) 죽음이 가까이 다가올 때 모두 다 버리고 과연 어떤 책을 남겨둘까요? 그건 정말 그 사람의 인생과 절박함, 공포와 직접적으로 관련이 있는 걸까요?"

영, 다시 자신의 책상이 있는 곳으로 간다.
수민의 공간.
요셉이 운동을 멈추고 물을 마신다.
수민이 UFC 경기를 보고 있다. 마치 신기한 꽃을 바라보듯.
유혈이 낭자하다.

요셉 (물을 마시다가) 외로움? 그거 혼자 있을 때 느끼는 거, 그런 거예요?
수민 비슷할 거예요.
요셉 외로움····· 흠. (사이) 외롭지 않은 사람도 있나? 다 외롭지.

운동을 하는 요셉.

수민 외로워서 이런 걸 보는 건 아니겠죠?
요셉 그럴 수도 있죠. 혼자 있으면 외로우니까 저렇게 피 흘리는 거 보면 적어도 외롭지는 않을 거 아냐, 안 그래요?

수민, 고개를 끄덕인다.

요셉   (옷을 입으면서) 나 먼저 갈게요. 가게 앞에 물건 놔두고 간다고 연락
        왔어요.
수민   같이 가요. 금방 준비할게요.
요셉   그거 다 보고 와요.
수민   다 봤어요.
요셉   홍콩 갈래요?

        수민, 볼륨을 줄인다.

요셉   다른 데도 좋고.
수민   가게는 어쩌고요.
요셉   그냥 한번 얘기해 본 거예요.
수민   다음에 가요. 조금 한가할 때.
요셉   글쎄…… (웃으며) 다음에…… 그때도 내가 있을까?

        요셉, 나가려 한다.

수민   요셉!

        요셉이 돌아본다.

수민   아니에요. 먼저 가요.

요셉   내 이름 부르는 거 처음 들어보네.

        요셉, 나간다.

수민   (요셉이 나간 쪽을 보며) 선생님이…… 신을 믿었을까요……

        UFC 사운드 사라진다.
        의연의 공간.
        의연이 찰리에게 책을 건넨다.
        찰리, 펼쳐진 부분을 본다.

의연   아빠가 쓴 책이야.
찰리   그래?
의연   그런데 이상해. 아이들이 보는 책이야. 식물에 관한 책. 사진도 많고
        그림도 많아. 이건 아빠하고 상관없는 거잖아.
찰리   이름이 같은 거 아냐?
의연   아니. 아빠 맞아.
찰리   그럴 수도 있지. 작가니까. 써달라고 하면 쓸 수 있는 거잖아.
의연   녹음해줘.
찰리   (의연을 한번 보고) 여기?

        찰리, 핸드폰에 녹음을 시작한다.

찰리   "모든 생명체의 세포는 원핵세포와 진핵세포로 나눌 수 있어요. 이 두

세포의 차이는 DNA의 위치인데, 진핵세포의 DNA가 이중막으로 둘러싸인 핵 안에 있는 반면 원핵세포의 DNA는 한 곳에 뭉쳐있기는 하지만 그것을 둘러싸는 막이 없대요. 그럼 원핵세포에서 어떻게 진핵세포가 진화했을까요? 미토콘드리아와 엽록체 같은 작은 기관의 기원에서 알 수 있대요. 큰 세포가 작은 원핵세포를 삼킨 후 서로 공존한다는 거예요.

의연 삼킨다……

찰리 작은 원핵세포의 기능을 큰 세포가 이용하는 거죠. 미토콘드리아와 엽록체도 이렇게 큰 세포 안에서 작은 기관으로 살아남은 거래요.

의연 살아남는다……

찰리 그러니까 미토콘드리아와 엽록체의 조상인 원핵세포가 있었을 것이라는 가설인데, 이것이 진핵세포의 진화를 설명해주는 내부공생설이에요.

의연 삼킨다……

찰리 그러니까 (양손으로 모양을 만들며) 이렇게 먹으면, 이게 죽지 않고 살아남는 거지.

의연 그 안에서 영원히 기관으로 살아간다…… 그렇게 자기 몸속에 영원히 품게 된다……

찰리, 계속 책을 읽는다.

의연의 시선이 먼 곳을 본다. 강바람이 불어오는 듯하다.

수민이 일어나 창문 앞에 선다. 그녀도 강바람을 느끼는 듯하다.

찰리가 의연을 쳐다본다.

영   살아있는 동안 타인과 관계를 맺지 못한 사람의 기록을 보는 건 그 자
      체로 괴로운 일이에요. '타인은 지옥이다.' 유명한 말이죠. 이 기록들
      을 보면서 가장 먼저 떠올린 문구예요. 하지만 작가들은 작품 속에서
      관계를 맺고, 작품 속에서 대화를 나눕니다. 이 기록에도 그런 욕구가
      담겨 있겠죠. (사이) 아, 이건 어디까지나 개인적인 생각일 뿐이에요.

      암전.

2. 허구의 분해

또 다른 동그라미에 텍스트가 나타난다.

텍스트 : 죽은 이의 기록 1
"저 하늘의 빛
구름 사이로 가늘게 쏟아지는 저 빛"

영   (텍스트를 바라보며) 선생님이 구상한 이야기 속으로 들어갑니다. 첫 번째 문장이에요. 확실하지는 않지만 아마 주인공의 대사겠죠. "가늘게 쏟아지는 저 빛." 어딘지 간절함이 느껴지는, 이런 문장으로 시작됩니다. (사이) 우리의 주인공은 마지막 날, (텍스트를 다시 보고) "구름 사이로 가늘게 쏟아지는 빛"을 보며 길을 갑니다. 도시의 어느 한적한 거리에서 시작해 서울 근교의 강가까지. (기록을 보며) 이름만 대면 알만한 곳이죠. 거기 다리가 하나 있는데, 그 다리에서 해마다 사람이 떨어진대요. 봄에. 사람들은 안개 때문이라고 하기도 하고, 또 물귀신이 잡아끄는 거라고도 하고…… 어쨌든 주인공은 거리에서 사람들을 만나요. 청년, 소년, 여인. 몸 파는 여자 같아요, 이 세 사람…… 이들이 실제로 존재하는 사람인지 환영인지…… 환영일 수도 있겠네요. (책상 위 기록을 보며) 조각난 장면들이라 연결하는 게 쉽진 않지만…… 음…… 떼어놓고 봐도 붙여놓고 봐도 외로운 존재들이에요. 마치 커다란 화면 속의…… 작은 점처럼 보이네요.

텍스트, 사라진다.
오른쪽 동그라미 중 하나에 영상이 나타난다.

영상 1
한 청년이 보인다.
요셉과 닮았다.
청년이 길을 가다 멈추어 선다.
하늘을 올려다본다.

영   (영상 속의 청년을 보며) 마지막 날, 마지막 목적지를 향해 가던 길에 약
      속되어 있었던 것처럼 한 청년을 만납니다. 주인공이 길에서 만나는
      세 사람 중 첫 번째 인물이에요.

청년이 기도하는 모습.
어렴풋이 청년의 얼굴이 보인다.

영   (기록을 보며) 우연히 만난 이 청년으로 인해 우리의 주인공은 자신의
      죄를 들여다보게 되는 거죠.

영상 위에 텍스트 : 죽은 이의 기록 2

청년의 소리   "마지막 날에
                  나는 모든 사람에게
                  나의 성령을 부어 주리니

너희 아들딸들은 예언을 하고
젊은이들은 계시의 영상을 보며
늙은이들은 꿈을 꾸리라"(사도2, 17)

죽은 이의 소리   "공원으로 가는 뒷길
청년이 있다
5월, 아니면 6월?
하늘이 짙은 황색으로 변하는 계절"
"청년은 성당에서 자랐다.
세상은 성당이고, 성당은 그가 인식하는 세계의 모
든 것이었다."

청년, 엎드려 기도한다.

청년의 소리   "나는 하늘 높은 곳에서 표정을 보이며
땅에서 기적을 행하리니
피와 불과 짙은 연기가 일고
해는 빛을 잃어 어두워지고
달은 피와 같이 붉어져
마침내 크고 영광스러운 주의 날이 오리라"(사도2,
19-20)

죽은 이의 소리   "그곳에선 밤마다 파티가 벌어졌다.
아직 다 자라지 않은 그의 몸을 찾아서

어둠과 함께 꽃을 든 영혼들이 찾아왔다.

그들은 밤새 그의 몸을 핥았다.

마치 개가 자기 몸을 핥아대듯이.

그는 눈을 감고 기도했다.

그렇게 신은 늘 그의 곁에서 그와 함께했다."

청년, 고개를 든다.

천천히 일어나 누군가에게 다가가는 듯하다.

벤치 앞에서 멈춘다.

죽은 이의 소리　　"청년이 다가오는 소리를 듣고

눈을 뜬다

벤치

기억의 시간들이 스쳐 간다

청년은 맑은 소리와 깨끗한 몸을 가졌다

그의 소리와 몸으로

비로소 나는 기억 속의 죄를 떠올린다"

요셉, 수민이 있는 곳으로 간다.

영, 책상 쪽으로 간다.

영상, 정지.

영　　사제들에게 온갖 추행을 당하면서도 기도를 멈추지 않는 이 청년. 어

쩌면 신앙에서 가장 멀어질 수 있는 사람이 신에게 가장 가까이 다가
갑니다. 우리의 주인공은 이 청년에게 자신의 죄에 대한 용서를 구합
니다.

영상, 사라진다.
영, 술을 한 모금 마시고, 기록을 다시 집어 든다.

영   (웃음) 살려달라고 해야지, 저런 사람 만나면! 예수님처럼 생겼는데! "
        살려주세요! 살려주기만 하면 무슨 일이든 하겠습니다!" 그런데 우리
        의 주인공은 용서를 구하네요. (사이) 아마 남에게 부탁 같은 걸 잘 못
        하는 타입인가 봐요. 특히 자기 일로 부탁하는 걸 죽기보다 싫어하는
        사람…… 음…… 용서를 구한다……
        (기록을 다시 한번 보고) 죽음을 준비하는 시간에 해야 할 일 중 하나
        인가요? '죄 씻김 받기'. 죽음을 앞두고 우린 어떤 죄를 먼저 용서받
        아야 할까요. 특별히 남을 해하거나 사회에 물의를 일으킨 적이 없다
        고 생각하면서 살아왔습니다. 대부분 다 그렇죠. 하지만 경우에 따라
        서는 숨 쉬는 것 자체가 죄일 수도 있죠. (사이) 나로 인해 상처받은 사
        람…… 내가 정말 잘못했는데, 살면서 용서를 구하지 못한 경우……
        그런 게 생각날 것 같긴 하네요.

        수민이 보인다. 차를 만드는 모습.
        푸쉬업을 하는 요셉.

수민   그렇게 근육을 만들어서 뭘 하려고 그래요?

요셉 특별히 할 건 없어요. (사이) 섹스?

수민 별로 필요 없잖아요.

요셉 습관이에요.

수민 ……

요셉 중학교 때부터 시작했으니까 아마 죽을 때까지 계속하겠죠.

수민 힘들잖아요.

요셉 남자들이 못 만지게 하려고. 변태 새끼들…… (일어나서) 어릴 때 내가 이렇지 않았거든요. 이쁘게 생겼었다고요. 여자애처럼, 야들야들하게. 그러니까 개새끼들이 자꾸 만지는 거야. 맞아, 근육을 만들자, 그래서 운동을 시작한 거예요. (자기 몸을 보이며) 어때요, 이거 남자들이 만지고 싶겠어요?

수민 난 잘 몰라요. (사이) 그런데 그런 거 하고 상관없지 않나요?

요셉 ……

수민 그러니까 그런 건 근육하고, 핏줄하고 상관없는 거 아닌가…… 아닌가?

요셉 상관없지, 사실은. (사이) 그렇게 생각했다고요, 그때. 그래서 지금 이렇게 됐다는 거지. 별 얘기를 다 하는 거 보니까 죽을 때가 됐나? 아니면 떠날 때가 됐나?

수민, 요셉을 쳐다본다.

요셉 (웃으며) 뭘 그렇게 봐요.

요셉, 부엌으로 가서 사과를 하나 집어 입에 문다.

요셉   먹을래요?

수민, 고개를 젓는다.

요셉   담배 사러 가요.

요셉이 나가는 모습을 끝까지 바라보는 수민.

영   생은 신비롭습니다.

요셉이 내려와 길을 간다.
멈춰서서 거울에 비친 자신을 본다.

영   인간은 마치 누군가가 기록해 놓은 대로 삶을 살다가…… 가는 것 같
        다는 생각이 들 때도 있어요. 신비롭죠. 죽은 사람과 함께 하지 못한
        시간은…… 또 누군가가 메워주고요. 마치 전염되는 것처럼, 죽은 사
        람에게. 사고, 감정, 정서 모두…… 그렇게 산 사람들은 죽은 사람들과
        함께합니다. 기록을 재연하듯이.

의연이 중앙을 가로질러 가다가 요셉과 마주친다.
요셉, 의연을 힐끗 보고 나간다.
의연, 요셉이 나간 쪽을 바라본다.

의연 바람……

영 생은 정말 신비롭습니다. 알 수 없는 곳에서 불어오는 바람으로 죽은 사람의 영혼을 느끼기도 하죠.

의연, 자기 자리로 돌아와 책을 편다.

찰리 이번엔 뭐야? DNA? 게놈?

의연 바람.

찰리, 의연을 쳐다본다.

의연 (혼잣말처럼) 오늘 길을 걷는데 아빠가 느껴졌어. 아빠가 바람처럼 지나갔어.

찰리, 물끄러미 의연을 바라보다가 책상 위에 가방을 내려놓고 약병을 꺼내기 시작한다.

찰리 어지럽다고 그랬지. (약병을 하나씩 확인하며) 철분영양제, 혈액순환제, 오메가3, 어, 이건 왜 여기 있지? (다시 가방에 넣고) 종합비타민, 칼슘……

의연 (약병을 한번 보고) 책 때문에 좀 어지러운 거야. 다시 갖다 놔.

찰리 (약병 몇 개를 다시 넣고) 그럼 이것만 먹어.

의연 너 돈 벌어서 약국 차려야 되잖아, 갖다 놔.

찰리 나 약국 안 할 거야. (다시 몇 개를 넣고) 그럼 이렇게 먹어봐. 철분영

양제, 종합비타민.

의연　약국 말고 하고 싶은 거 있어?

찰리　아니, 없어.

의연　……

찰리　그냥 지금처럼 아르바이트하면 돼. (약병을 보고) 이거 두 알, 이거 한
　　　알.

의연　고마워.

찰리, 그냥 서 있다.

의연　왜?

찰리　계속 꿈 꿔? 그 아줌마 꿈.

의연　왜? 또 최면술 하려고?

찰리　아니.

의연　계속은 아니고.

찰리　너 아저씨 보고 싶으면 추모공원 한번 가봐. 아저씨 계신 데.

의연　(잠시 생각하다가) 그래.

침묵.

의연　이상하긴 하다. 넌 가봤잖아, 추모공원. 난 안 가봤는데.

찰리, 냉장고에서 콜라를 꺼낸다.

의연   콜라 많이 마시지 마.

        찰리, 다시 넣는다.

의연   가게 되면 얘기할게.

        찰리, 나가다가 다시 돌아온다.
        냉장고에서 콜라를 꺼내서 가지고 나간다.

의연   (독백) 온몸에 전해지는 게 있었어. 그냥 스쳐 지나가는 사람에게서 바
        람을 느꼈어. 아빠가 바람처럼 지나갔어.
영   약 140억 년 전에 생겨났다고 알려진 우주. 이 우주의 지평선까지의
        거리는 470억 광년이라고 하죠. 하지만 이건 어디까지나 관측 가능
        한 한계이고, 우주론에서는 이러한 우주가 다수 존재한다고도 합니
        다. 이 질서정연한 우주, 조화로운 코스모스 속에서 우리는 빈번히 신
        비로운 경험을 합니다. 하지만 알 수 없는 힘에 이끌리면서 당혹스러
        워하기도 하죠.

        이전과 반대편에 있는 조그만 동그라미에 영상이 맺힌다.

영상 2
젊은 여자의 뒷모습.
갑자기 고개를 돌려 앞쪽을 돌아본다.
의연의 모습과 닮았다.

다시 뒤로 돌아 뭔가를 응시한다.
그쪽을 향해 걸어가다가 멈춘다.

영   이 여자. 문제의 여잡니다. 구상 속에 등장하는 세 사람 이외에 기록의
      군데군데 느닷없이 나타나요. (영상을 보면서) 그런데 이 여자도……
      그 알 수 없는 힘 때문에 당혹스러워하는 것 같아요.

                여자의 얼굴, 클로즈업.

여자의 노래가 멀리서 들려온다.

            영상 위에 텍스트 : 죽은 이의 기록 3
                "바람이 불어와
                내 몸 불사르고
              어디론가 사라져가요
              어디론가 사라져가요"

            여자, 고개를 들어 위를 본다.
          찬란한 빛 속에 눈발이 날린다.

      영상, 정지.

영   (영상 속의 여자를 바라보며) 우린 모두 자신의 굴레를 벗어버리려 하
      죠. 하지만 그럴수록 나를 얽어맨 줄은 더 강하게 죄어옵니다. "작품

은 자기 자신을 위해서 쓰는 거야." 언젠가 선생님이 하신 말씀이에요. 자기가 살려고 쓰는 거란 말이죠. 고통을 견뎌내기 위해 쓴다⋯⋯ 그럴 수 있죠. (다시 영상을 보며) 알 수 없는 힘에 이끌려 바람을 따라가 버린 여자. 끊임없이 우리의 주인공을 괴롭히는 존재. 이 여자가 만약 실제로 존재하는 사람이라면⋯⋯ 그럼 선생님의 창작은, 이 여자에 대한 악몽에서 벗어나기 위한 방편이었던 걸까요? M이라는 여자. 우리 주인공의 생을 흔들어놓은 존재⋯⋯ 죽음으로 이끌어갈 수도 있는 존재⋯⋯ 그렇지 않다면 마지막 날까지 이런 식으로 우리 주인공을 따라다닐 리 없겠죠. "M. M. M.⋯⋯" 계속 반복됩니다. 그리고⋯⋯

여자의 모습, 사라지고 텍스트가 나타난다.

텍스트 : 죽은 이의 기록 4
"꿈의 세계
또 다른 세계
초월의 기쁨을 잃다"

영　이렇게. 절망적이에요, 적어도 초반부에는. 예술적으로도 종교적으로도. (스크린을 보고) "꿈의 세계", 예술은 그렇죠. 인간이 꿈꾸는 세계를 구상하고, 그걸 제시하는 희열로 보상을 받는 걸 겁니다. "또 다른 세계", 종교는⋯⋯ 종교는 어떤 다른 세계에 대한 믿음을 전달하는 것이고, 그리고 그건⋯⋯ 그건 구원에 대한 희열로 보상을 받는 걸 겁니다. 둘 다 현실을 초월한다는 공통점이⋯⋯ 있고요. 그런가요? (기록을 보면서) 아무튼 이 둘을 모두 잃었다⋯⋯

영, 책이 놓인 공간에서 책 한 권을 펼쳐본다.

찰리와 의연이 각기 의자에 앉는다.

의연은 책을 들고 있다.

텍스트, 사라진다.

찰리   (아이스크림을 먹으며) 할머니하고…… 할머니 때문이라고 어른들이
       그랬는데. (사이) 할머니가 미워했다고.

의연   (아이스크림을 먹으며) 설마 그게 전부겠어?

찰리   맞아. 그게 다는 아니겠지.

의연   아빠보다 더 사랑하는 사람이 있었던 거겠지.

찰리   그렇겠지. (사이) 난 결혼 안 할 거야. 너는?

의연   나도.

찰리   잘 됐다. 그럼 우리 같이 살자.

       의연, 책을 본다.

찰리   (의연의 얼굴을 바라보며 심각하게) 요즘 책, 잘 읽혀? (사이) 책을 잘 읽
       는 것 같아서.

의연   아니. 똑같애. 나아지는 게 아니잖아, 난독증이라는 게.

찰리   그럼 그냥 보는 거야?

의연   응.

찰리   아저씨가 쓴 거?

의연   그것도 있고, 다른 것도 있고.

의연, 책을 펼쳐서 이리저리 돌려가며 본다.

찰리   (의연 쪽으로 고개를 돌려) 그게 읽는 거니? 보는 거지.
의연   보는 거야. 보는 거 맞아.

의연, 마치 어떤 물체를 감상하듯 책을 본다.

찰리   꿈에…… 니가 나왔는데……

의연이 찰리를 본다.

찰리   어떤 사람 따라갔어.
의연   내가?
찰리   응. 내가 불렀는데 대답도 안 하고.
의연   그래?
찰리   응.
의연   원래 꿈에서는 그런 거야. 너도 대답 안 해, 꿈에서는.
찰리   그래?

의연, 끄덕인다.

찰리   그다음엔 뭐 녹음해?
의연   음…… (책 한 권을 건네며) 이거.

찰리, 책을 받아서 녹음을 시작한다.
의연, 정면을 바라보고 가만히 앉아 있다.
음악과 함께 무대 위에 피어오르는 연기.
수민의 공간.
부엌에서 요셉이 요리를 하고 있다.
TV 화면에는 〈전쟁과 평화〉의 한 장면.
수민이 나와서 요셉 쪽으로 간다.

요셉   아직 다 안 됐는데.
수민   뭐예요?
요셉   파티 준비.
수민   무슨 파티?
요셉   생일파티!
수민   지난번에도 생일이라고 했잖아요.
요셉   내가 정하면 생일인 거예요.
수민   ......
요셉   나처럼 생일이 없는 사람은 아무 때나 내키면 생일이에요.
수민   미리 얘기했으면 뭘 좀 준비했을 텐데.

요셉, 수민의 얼굴을 쳐다보고 웃는다.
수민이 와인병과 잔을 가져온다.
요셉이 와인을 따르고 두 사람, 건배.

수민 축하해요.

요셉 생일날 뭐 하죠?

수민 ······

요셉 사람들 말이에요, 뭐 해요? 케이크 자르고, 술 마시고, 먹고······ 그리
　　고 뭐 하죠?

수민 잘 모르겠어요.

요셉 영화 보고······ 음······ 술 마시고.

　　　수민이 웃는다.

요셉 집에 가나? 집에 가서 케이크 자르고, 술 마시고, 먹고. (사이) 선물!

　　　요셉, 나가려 한다.

수민 어디 가요?

요셉 선물 사러.

수민 자기 생일인데······

요셉 선물 줄게요. 내 생일이니까. 축하하는 의미에서.

수민 내가 사 올게요.

요셉 뭘 사 올 건데요?

수민 ······

요셉 거봐요. 내가 사 올게요.

수민 그러고 가요?

요셉, 웃옷을 벗은 상태.

요셉 뭐 어때요.
수민 입고 가요.

요셉, 그냥 나간다.
무대 중앙으로 걸어 나오는 요셉.
길 한쪽에 놓인 꽃을 집어 든다.
잠시 생각하다가 뒤돌아서 수민의 방으로 간다.
의연이 무대 중앙으로 나와 같은 곳에서 꽃을 집어 든다.
〈나타샤 왈츠Natasha and Andre's Waltz〉가 흘러나온다.
수민, 멍하니 모니터를 쳐다본다.

의연 (꽃을 들고 책을 읽듯이) 타인에게서 어떤 친밀함이 느껴질 때 죽은 사
      람의 바람을 연상하는 것. 죽은 사람의 바람이 그 사람을 스쳐 내게
      로 오는 거야.
찰리 그건 또 누가 쓴 건데?
의연 내가.
찰리 시인이네.
의연 추모공원 갔다 오려고.

찰리, 잠시 서성인다.

찰리 같이 갈까?

의연   나중에.

찰리   그래.

의연, 꽃을 들고 나간다.
수민, 영화 속의 춤 추는 장면을 유심히 보다가 볼륨을 올린다.

수민   (생각난 듯) 맞아! 춤! 생일날 춤추지 않나? 왜 그 생각을 못 했을까. 춤 추자고 할걸. 한 번도 같이 춤춰본 적이 없어.

수민의 눈에 눈물이 고인다.

수민   (갑자기 요셉을 부르며) 춤춰요, 우리!

수민, 음악에 맞춰 춤을 춘다.

요셉   (꽃을 든 자기 모습을 거울에 비춰보듯 하며) 뭐든지! 원하는 건 뭐든지. (사이) 그런데 내 기억도 어딘가에 남을까? 그게 갑자기 궁금해지네!

수민   시간이 얼마 남지 않았다는 걸 알면서도 하지 못한 게 너무 많아요. 춤! 사람들은 춤추잖아요, 기쁠 때, 그리고 슬플 때도.

요셉이 뒤돌아서 수민의 방으로 간다.
볼륨이 높아지는 왈츠 음악.
수민과 요셉, 와인을 마시며 춤을 춘다.
중앙에 텍스트.

텍스트 : 죽은 이의 기록 5
"생명의 춤과 죽음의 춤은 서로 맞물려 있다.
죽음을 끌어안고 춤을 추는 자는
그 죽음 속에서 생명의 환희를 만끽한다."

영   (기록을 읽다가) 아마 어떤 그림에서 떠올린 생각일 거예요. 강렬한 춤
         에서 우리는 생명과 죽음 모두를 느낍니다.

         두 사람, 춤을 멈추고 와인을 마신다. 건배.
         영, 위스키를 잔에 따르고, 어느 누군가와 건배.
         수민과 요셉이 키스한다. 요셉, 수민을 안고 나간다.
         음악 사라진다.
         텍스트가 사라지고, 다시 여자의 영상.

                        영상 3
                 젊은 여자, 아이를 안고 있다.
                 여자가 읊조리는 자장가 소리.
                      고개를 든다.

여자의 소리   내가 숨을 쉴 수 있는 방법이라고 말하는 게 적절할
              거야. 두렵지만 그 형체를 쫓아다니다 꿈에서 깨어
              나. 그런데 그 꿈속에서만 난 온전히 숨을 쉬어. 바
              람이 몸속 깊은 곳까지 들어오는 느낌. 내가 바람이

되는 느낌. 그건 신비하다고 해야 할 거야.

영상, 정지.
영, 의자에 앉는다.
위스키를 한 모금 마신다.

영   (기록을 보며) 기록에는 짧은 두 문장뿐이에요.

중앙에 텍스트.

텍스트 : 죽은 이의 기록 6

A : 아이가 자라면서 널 닮아간다면 신기하겠지? 이상한 느낌일
거야.

B : 난 꿈속에서만 온전히 숨을 쉬어.

영   "남자 : 아이가 자라면서 널 닮아간다면 신기하겠지? 이상한 느낌일
거야.", "여자 : 난 꿈속에서만 온전히 숨을 쉬어." 짧아요. 나머지는
내 맘대로 상상한 거고요. (영상을 다시 보고) 계속 쫓아다닙니다. '널
닮은 아이……' 그런데 여자는 숨 쉴 곳을 찾고, 바람을 따라가고 있어
요. 이런 경우 이성의 힘으로 막을 수 없겠죠. 살기 위해서라도…… 여
자는 떠나야겠죠. 그 바람을 쫓아가는 수밖에요. 물론 제 개인적 이미
지일 뿐이지만. (사이) 핀터 스타일로 조금 바꿔볼까요?

해변에 서 있는 젊은 여자.

바다를 바라본다.
어떤 형체를 향해가서 거기에 기댄다.
여자, 크게 숨을 쉰다.

여자의 소리　그때 나무 밑에서 그가 내게 말했어요. 숨을 쉴 수
　　　　　있는 방법을 알려줄게. 두려웠지만 그 시절 그는 내
　　　　　게

영　말줄임표

여자의 소리　그러니까 나를 이끄는 어떤 형체였어요.

영　사이

여자의 소리　난 온전히 숨을 쉬어요, 그 나무 밑에서.

영　긴 사이

여자의 소리　산책 나온 남녀가 우릴 힐끗 보고 지나쳐요. 소나기
　　　　　냄새가 나고, 바람이 몸속 깊은 곳까지 들어왔어요.
　　　　　내가 바람이 되는 느낌.

영　사이

여자의 소리   *내가 말했어요. 신비로워요.*

영   침묵.

영상, 정지.
텍스트, 사라진다.

영   아, 이 기록에서 핀터의 스타일이 느껴진다는 게 아니고요, 그냥 갑자기 떠올랐어요, 그냥 그런 스타일이 생각났다는 것뿐이에요…… 뭐, 그런 거죠. 아, 이 얘기도 하지 않을 수 없네요. 선생님은 젊은 시절 재능을 인정받은 작가였습니다. 두세 작품 정도 화제가 되기도 했죠. 그런데 그게 다 사랑에 관한 이야기들이에요. 어떤 남녀가 바닷물이 강물처럼 조용하게 찰랑거리는 곳에서 함께 자살합니다. 그게 지명이…… 플롬Flåm이었나. 집요함, 간결함, 그리고 속도감이 느껴지는 작품이었죠. 아무튼 그리고나서 기억에 남을 만한 작품이 없어요. 무관심 속에, 자연스럽게, 잊힌 거죠, 작품으로는요.

       영상, 정면을 향한 여자의 얼굴로 바뀐다.

곧이어 영상, 정지.
찰리의 게임기 소리.
의연이 무대 중앙으로 걸어 나와 영상 속의 여자를 한동안 바라본다.
이번에는 위치를 바꿔가며, 그러다가 허리를 굽혀 다리 사이로, 또 앞을 향해 있다가 갑자기 뒤로 돌아 여자를 본다. 마치 게임이라도 하듯.

의연　어렸을 때 아빠 서랍에서 엄마 사진을 보고 난 아니라고 생각했거든. 그런데 할머니는 늘 그랬어. "지 에미하고 똑같다", "지 에미라니까". 다른 사람들한테도. "지 에미가 웃으면 저렇잖아", "밥 먹는 것도 똑같다니까, 누가 가르친 것도 아닌데". (영상 속의 여자를 다시 보고) 어디가 닮았다는 거지?

찰리　닮았겠지.

　　　찰리, 약국에서 게임에 열중.

의연　너도 그렇게 생각해?

찰리　(영상 속의 여자를 한번 보고) 모르겠는데.

의연　너도 니네 아빠 닮았대?

찰리　응.

의연　……

찰리　어렸을 때 엄마가 그랬던 것 같아.

의연　기분이 어땠어?

찰리　싫었지.

　　　게임 효과음이 점점 커진다.

의연　(다시 두 다리 사이로 스크린을 보면서) 음…… 그렇군. 어른들이 니네 아빠 욕했어?

찰리　응.

의연   찰리, 게임 좀 그만해.

        찰리, 게임을 멈춘다.
        영상, 사라진다.

영   마지막 날, 만나게 되는 두 번째 인물은…… 뜻밖에도 어린 소년입니
        다. 작은 소년이 도시의 거리를 걷고 있습니다. 하늘은 비현실적으로
        붉게 물들어갑니다.

        다시 오른쪽 동그라미 하나에 영상.

                           영상 4
                    영상 속 소년, 걸어간다.
                       찰리와 닮았다.
                   소년이 하늘을 올려다본다.
                     하늘이 붉게 물든다.
                   소년이 점처럼 작아진다.

        영상 위에 텍스트

                   텍스트 : 죽은 이의 기록 7
                    " 아이가 걸어간다
                    아이스크림을 들고
                  건물 사이로 바람이 불어온다

　　　　　　　　　　　붉은 하늘
　　　　　이 아이의 눈빛에선 외로움조차 읽을 수 없다
　　　　　　　　　　　　외로움은
　　　외롭지 않은 시간을 보낸 사람들이 경험하는 사치스런 감정이다"

영　　우리의 주인공은 마지막 날에, 이 어린 소년의 눈빛과 언어에서 아무
　　　리 잡으려고 해도 잡히지 않는, 진실을 발견한 것 같아요.

　　　텍스트, 사라진다.
　　　영상, 바뀐다.

　　　　　　　　　　소년이 쪼그리고 앉아 있다.

소년의 소리　　영화관하고 산부인과 건물 사이에 좁은 길이 있어
　　　　　　　요. 그 사이로 들어가서 왼쪽으로 돌면 다시 좁은 길
　　　　　　　이 나오는데 그 끝이 담이에요. 낮은 담. 그런데 그
　　　　　　　담 너머로 하늘이 보여요. 학교에서 점심을 먹지 않
　　　　　　　은 날은 그 담 밑에 앉아서 아이스크림을 먹어요. 거
　　　　　　　기에 고추를 심어놓은 화분이 있어서 아이스크림 막
　　　　　　　대는 거기에 꽂아요. 작은 고추가 열려 있어요. 다음
　　　　　　　날 가보면 아이스크림 막대는 없어요. 고추는 그냥
　　　　　　　있어요.

　　　　　　　　　　누군가를 올려다보는 소년.

영상 위에 텍스트
"그 아이와
공작새에 대한 이야기를 나눈다"

소년의 소리   아저씨는 공작새 본 적 있어요?
죽은 이의 소리   아니.
소년의 소리   그럼 공작새 울음소리도 못 들어봤어요?
죽은 이의 소리   응.

공작새의 울음소리.

죽은 이의 소리   공작새를 어디서 봤니?
소년의 소리   하늘.
죽은 이의 소리   하늘?
소년의 소리   담 위로 보이는 좁은 하늘에 공작새가 있어요.
죽은 이의 소리   그래?
소년의 소리   빨간 하늘 위로 공작새가 날아다녀요.
죽은 이의 소리   나도 볼 수 있었으면 좋겠다.
소년의 소리   가만히 기다리고 있으면 나타나요.
죽은 이의 소리   그래?
소년의 소리   응!

영상 속 소년이 하늘을 올려다본다.

영   그리고 이렇게 표현합니다.

영상 위에 텍스트

"이 아이의 말은 크게 울려 퍼진다

정말 공작새가 보고 싶어졌다"

영상, 정지.

영   잿빛 도시에서 어떠한 수식도 없이, 진실을 말할 줄 아는 작은 예술
      가를 만난 건가요? 부럽죠. 부러웠겠죠. 공작새…… 나도 보고 싶네.

고개를 들어 위쪽을 올려다보다 영.

영상, 사라진다.
수민의 공간.
수민과 요셉, 침대에 앉아 거친 호흡을 내쉬고 있다.
조명이 들어오면 두 사람, 앞을 응시하고 있는 모습.

요셉   엄마는 새벽 세 시에 일어나서 성당으로 가요. 사제실을 정리하고 청
      소를 한대요.
수민   성당엔 안 가요?
요셉   나?
수민   응.
요셉   안 가요. 어렸을 때 갔었죠. 아버지 돌아가신 다음부터 안 갔어요. 성

당에 안 가도 때리는 사람이 없으니까.

수민 성당에 안 가면 때려요?

요셉 꼭 그런 건 아니지만 어쨌든 안 가면, 다른 거 하고 연결해서 때렸어
요. 연결해서? (웃음)

수민 뭐하고 연결해서?

요셉 학교 안 간 거 하고…… 돈 훔친 거 하고……

수민, 웃는다.

요셉 질문이 많아졌네?

수민 그래요?

요셉 내 대답도 많아지고.

수민 미안해요. 그냥 물어본 거예요.

요셉 그 아저씨, 뭐 하는 사람이었어요?

수민 ……

요셉 아, 아저씨가 아닐 수도 있겠구나. 여기, 같이 살던 아저씨. 뭐 하는
사람이었어요?

수민 음…… 잘 몰라요.

요셉 음…… (사이) 설마 기다리는 건 아니죠?

수민 (고개를 저으며) 아니에요.

요셉, 일어나서 창밖을 본다.

요셉 오늘은 황사예요.

수민   하늘이 노란색이에요.

요셉, 하늘을 올려다보고 욕을 내뱉는다.

수민   이름하고 안 어울려요. 예수님 아빠 맞죠?
요셉   이름을 빨리 바꿔야 하는데…… 시간이 없어서…… (시계를 보고) 빨리 준비하고 나가야겠네.
수민   천천히 해요.
요셉   (나갈 준비를 하며) 지난달에 얼마 적잔지 알아요?

수민, 웃는다.

요셉   돈을 벌려는 건지 취미생활을 하려는 건지…… (사이) 혹시 그 아저씨 기다리는 거예요, 가게 하면서?

수민, 고개를 가로젓는다.

요셉   (나가며) 빨리 준비해요.
수민   요셉.

요셉, 돌아본다.

수민   나, 섹스 어때요?
요셉   ……

수민　잘해요?

요셉　어…… 그럼요, 그럼!

수민　고마워요.

요셉　최고, 최고!

요셉, 나간다.

수민, 창밖을 바라본다.

눈물을 흘린다.

요셉이 내려와서 수민의 방을 올려다본다.

뿌연 하늘을 올려다보고 다시 욕을 내뱉는다.

요셉, 나간다.

반대편 동그라미에 영상.

영상 5

의자에 앉은 여자의 옆모습.

여자의 소리　　　아이를 원했지. 천사를 품에 안은 나를 상상했어. (사이) 그런데 정작 아이는…… 나를 알게 해줬어. 내가 머물러 있을 수 없다는 걸 알게 해줬어. (천천히 또박또박) 알게 해줬어.

영상 속 여자, 카메라 쪽을 한번 보고, 고개를 돌린다.

여자의 소리　　　(남자에게) 그래, 너는 언제나 그 자리에 있었어. 아

이가 태어난 후 내가 떠나려 해도 너는 늘 거기 있었
어. 지금 그 자리에.

클로즈업.
영상 속의 여자, 뭔가를 한 모금 마신다.

찰리의 노래가 조용하게 들린다.
〈우주 소년 아톰〉.
의연과 찰리, 벤치에 누워 있다.

여자의 소리   아이가 보고 싶어서, 나의 천사가 보고 싶어서 미칠
것 같았지만 다시 돌아갈 수 없었어. 아이를 보고 싶
어 하는 것조차 죄라는 생각을 하게 됐거든. (사이)
지금은…… (웃음) 뭘 좋아해? 그림? 친구? 옷? 설마
지도?

영상, 흐려진다.

의연   살아 있을 거야.
찰리   어떻게 알아?
의연   죽었으면…… 연락이 왔겠지.
찰리   어떻게?
의연   ……
찰리   니네 엄마가 죽었다고 누가 연락해주냐고.

의연 누군가.

찰리 그러니까 누가.

의연 있을 거야, 잘 모르지만. 어쨌든 그래. (사이) 중요한 건 다 알게 됐거든. 내가. 내가 알게 됐단 말이야. 예를 들어 엄마가 외국 어디에 살다가 어디로 갔다든가, 어디서 재혼했다든가, 또 아이를 낳았다든가…… 그런데 죽는 건 그거보다 더 중요한 거잖아. 그러니까 나한테 알려진다니까.

찰리 아, 그렇구나. 우리 아빠는 죽었는데.

의연 ……

찰리 아, 그러네. 나도 아네.

의연 거봐, 알게 되잖아.

영상, 완전히 흐려진 상태에서 정지.
영이 일어나 정지된 영상을 본다.

영 이건 내가 좀 첨가해본 거고요, 기록에다가. 기록은 이렇지 않아요. 기록의 원본은 이렇습니다.

영상, 리와인드.

영상 위에 텍스트 : 죽은 이의 기록 8

죽은 이의 소리   "마지막 목소리를 들었다.
                  많은 이야기를 했다.

사실은 그렇게 많은 이야기도 아니다.
대부분 아이에 대한 이야기였다.
천사, 사진, 지도……
지도를 좋아했었다.
세상의 모든 지도를 다 갖고 싶다고 했다.
세상의 모든 지도를 다 구해주고 싶었다.
옛 시절에.
그리고 그게 끝이었다."

의연이 벤치에서 일어나 앉는다.
찰리도 따라서 일어난다.

"다음은
파리 근교의 한 병원에서
숨을 거뒀다는 소식이었다."

영상, 정지.

영   이야기 속의 여자는 죽었습니다.

침묵.
무대 위의 모든 것들이 일시 정지된다.
잠시 뒤 의연이 고개를 든다.

의연 어땠어?

찰리 뭐가?

의연 아빠가 죽었다는 얘기 들었을 때.

찰리 그냥. (사이) 솔직히 말하면 홀가분했어.

의연 ……

찰리 그냥 '나'는 '나'인 게 된 거잖아, 세상에서. 그렇게 생각했어.

의연, 정지된 영상을 바라보는 듯하다.
찰리, 의연의 얼굴을 자세히 살핀다.
수민도 자신의 공간에서 영상을 바라본다.
영, 영상을 바라보다가 자기 자리로 걸어가 기록을 들춰본다.

영 물론 이야기 속에서. (사이) 하지만 "M의 죽음"은 그저 허구 속의 사건으로만 여겨지지 않아요. 왜냐하면 이야기 속의 주인공이 마지막을 향해 가는 것처럼 선생님도 마지막을 향해 가고 있었으니까요. M은 정말 죽은 걸까요, 아니면 죽은 사람처럼 자기 인생에서 완전히 지워버린 걸까요…… (기록을 보면서) 어느 쪽이든 더 이상 자신의 인생에 개입할 수 없는 상태가 된 것만은 분명하네요. 그럼 쓸 수 없게 되죠. 자기가 살기 위한, 악몽에서 벗어나기 위한 방편이었다면…… 작품을 쓰는 의미를 상실하게 된 겁니다. 사라져버렸으니까.

영, 텍스트를 다시 바라본다.
영상과 텍스트, 천천히 사라진다.
아주 느린 템포의 음악.

〈우주 소년 아톰〉.

"푸른 하늘 저 멀리 랄랄라 힘차게 날으는
우주 소년 아톰 용감히 싸워라
언제나 즐거웁게 랄랄라 힘차게 날으는
우주 소년 아톰 우주 소년 아톰……"
의연이 찰리의 손을 잡고 걷는다.
좌우로, 상하로 걷는 두 사람.
좁은 틈을 지나고, 줄 위를 걷고, 달리고……
중앙무대, 냉장고에서 생수 한 병씩을 들고 걸어 나오며 마신다.
앞 무대에 선 두 사람.

찰리 다리 아파.

의연 동물원에서 하마 본 거 기억나?

찰리 어린이대공원이야.

의연 그래?

찰리 두 마리.

의연 더 있었을지도 몰라.

찰리 두 마리였어.

의연 어두웠어. 창고처럼 어두웠어. 거대한 하마가 물속에서 움직이고 있
     었어.

찰리 그때 왜 우리 둘만 있었지?

의연 하마가 나오기를 기다렸어, 앉아서. 그리고 잠시 후 물 위로 하마 머리
     가 나타났다 사라졌어. 아주 큰 하마였어. 왜 그런 곳에 하마를 가둬놨
     을까. 어두운 실내풀장 같은 곳에.

찰리   할머니는 어디 있었지……

의연   ……

찰리   왜 둘만 있었지?

의연   두 손으로 천정을 가리고, 양옆을 가리고, 하마가 물속에서 움직이는
      걸 바라봤어. (사이) 공룡시대.

찰리   그래?

의연   공룡시대에 우리가 있었어.

찰리   나도?

의연   공룡 같았어.

찰리   할머니는 어디 있었지……

의연   (찰리를 보며) 언제였는지 생각나?

찰리   우리 엄마 장례식 끝나고.

의연   기억하네. 너 작았을 땐데.

찰리   그러니까 할머니는 어디 있었냐고.

의연   공작새 우리.

찰리   그래?

의연   공작새를 보고 계셨어.

찰리   우린 하마 창고에 있었고?

의연   응. 한 시간쯤?

찰리   나 안 울었어?

의연   내가 달랬어. 울지 말라고.

찰리   ……

의연   넌 내가 달래면 안 울었어.

찰리   (하늘을 올려다보며) 비가 올 것 같아.

의연   안 와. 구름이 하나도 없잖아.

찰리   그런가. (사이) 다리 아프다.

의연   다리 아파도 이제부터는 참아야 돼.

       찰리, 의연을 본다.

의연   집에 가자.

       찰리, 그대로 앉아 있다.
       의연이 찰리를 본다.
       의연이 나간다.
       찰리, 따라간다.
       오른쪽 동그라미에 영상.

                    영상 6
            영상 속에 등장하는 여인.
           성모 마리아인가 창녀인가.
            수민의 모습과 비슷하다.
         종교적인 분위기라기보다 사창가 분위기.
      여인이 담배를 피우며 조용히 읊조린다. 기도인가 노래인가.

영   (영상을 보면서) 마지막 날, 신에게 모든 걸 바친 청년, 그리고 도시를
        배회하는 어린 소년…… 그리고 만나는 또 한 사람.

여인, 누군가를 기다리는 듯한 모습.

영상 위에 텍스트.

텍스트 : 죽은 이의 기록 9
"사람을 사랑할 수 있는 여인
......

모래바람이 불어오는 거리
담배를 피우며
지나가는 남자들에게 말을 건다
마스크를 들고
어디로 가세요?
누굴 찾으세요?
그녀의 얼굴은 창백하지만 눈빛은 평온하다
축제가 열리는 강가로
인도해주는 그녀는
성녀
성녀는 저런 모습이리라 "

여인, 누군가와 대화를 나눈다.

여인의 소리 　　집에 아픈 사람이 있어요. 그래서 일을 해요. 일은
　　　　　　　…… 좋아요. 특별히 힘든 일도 아니고. (하늘을 올려
　　　　　　　다보며) 오늘은 바람이 많이 부네요. 마스크를 꼭 쓰

세요. *KF80 정도면 적당하대요. 그것보다 더 촘촘
하면 숨쉬기가 힘들어서 좋지 않대요. (큰 호흡) 숨
쉬기가 힘들면…… 안 좋잖아요. 이렇게 숨을 크게
쉬고 싶은 날이 있어요. 어디로 가세요?*

텍스트, 사라진다.

영상 속에 어떤 건물이 보인다.

여인의 소리   일하러 가세요?
죽은 이의 소리   그냥…… 온종일 일을 하나요?
여인의 소리   네. 오늘은. (사이) 일을 해야죠.
죽은 이의 소리   아이는 없나요?
여인의 소리   ……

여인이 누군가의 등을 만지는 것 같다.

여인의 소리   이렇게 하면 기분이 좋아져요?
죽은 이의 소리   ……
여인의 소리   무슨 일 하세요?
죽은 이의 소리   별로……

여인의 웃음소리.

죽은 이의 소리   저기 보이는 신호등까지 뛰어볼래요?

여인의 소리   ……

죽은 이의 소리   숨을 크게 들이쉬고, 저기까지.

여인의 소리   나 거절 못 해요.

죽은 이의 소리   그럼, 해볼까요?

음악.

영상 속 여인, 뛰기 시작.
인파를 헤치고 모래바람이 부는 도시를 달린다.
호흡이 점점 거칠어진다.
멈춘다.

여인의 소리   강가로 가보세요. 오늘은 사람들이 많이 모여서 축
제를 벌인대요. (사이) 아이들이 많이 올 거예요. 엄
마 아빠 손 잡고…… 풍선이랑 솜사탕이랑…… 요즘
은 그런 거 없나……

죽은 이의 소리   길을 몰라요. 같이 가 줄래요?

여인의 소리   음…… 그럼 강이 보이는 다리까지만 같이 가요.

여인, 강을 향해 걸어간다.
뒤를 돌아보며 따라오는 사람을 확인하는 것 같다.

영상, 정지.

영　　(기록을 보면서) 사랑이 뭔지 모르지만 정말, 진정으로 "사람을 사랑할
　　　수 있는 여인", 창녀이면서 성녀죠.

　　　　　　　　　　　여인이 길을 안내하는 모습.

영　　그리고 이 여인은 우리의 주인공을 강가로 인도합니다.

　　　다리가 보이면 영상, 사라진다.
　　　수민의 공간.
　　　요셉이 음식을 만들고 있다.
　　　잠시 후 수민이 지친 모습으로 등장해서 방으로 들어간다.
　　　요셉이 수민을 맞는다.

요셉　밤에 그렇게 돌아다니면 안 무서워요? 난 무섭던데.

　　　수민, 정면을 응시하고 서 있다.

요셉　큰길에서 들어오다 보면 왼쪽에 공장 있죠. 거기 귀신 나와요, 밤에.
　　　나 몇 번 봤는데.

　　　수민, 쓰러진다.
　　　요셉, 수민을 부축한다.

요셉   거짓말이에요, 거짓말! 귀신이 어디 있어!

        요셉, 수민을 안고 나간다.

영   하지만 기록은 그저 기록일 뿐입니다. 분해하는 사람의 몫이 매우 크
        죠. (기록을 들춰보며) 장르가 뭔지는 몰라도 이 구상의 본질은 느껴집
        니다. 그리고, 그리고 윤곽도. 이제 쓰면 되는 거죠.

        잠시 생각에 잠기는 영.

영   파일을 마지막으로 저장한 날짜는 임종 3개월 전입니다. 그러니까 항
        암치료를 거부한 후 임종 3개월 전까지 그 기간 동안 구상한 것 같아
        요. 어쩌면 그보다 훨씬 긴 시간 동안 구상했을 수도 있고요. 그리고나
        서 마지막 3개월⋯⋯ 선생님은 이 이야기에 대해 어떤 생각을 하셨을
        까요? 온전한 정신이 남아 있는 동안, 아니면 사경을 헤매는 순간까지
        도 구상 속의 순례를 지속했을 수 있죠. 아니면⋯⋯ (사이) 죽음을 목
        전에 두고 마지막으로 할 일을⋯⋯ 미리 기록해놓은 것?

        영, 술잔과 노트북을 들고 뒷무대 벤치로 가서 앉는다.

영   "자넨 글을 쓸 준비가 돼 있는 것 같아. 외로움이 뭔지 아니까." 엉성
        한 제 원고를 읽고 선생님이 하신 말씀이에요. 그렇게 용기를 주신 유
        일한 분이죠. 아무도 읽어주지 않는 제 원고를 끝까지 읽어주셨어요.
        그래서 난⋯⋯ 선생님만은 내 작품을 읽어주신다⋯⋯ 그런 믿음을 갖

게 됐고요. 물론 이런 생각을 선생님한테 전한 적은 없어요. (사이) 그런데 난 지금 포기하기 일보 직전이거든요. 어쩌면 이미 포기한 건지도 모르고.

그때 효과음과 함께 갑자기 영의 머리 위에 있는 동그라미에 텍스트가 나타난다.

텍스트 : 죽은 이의 기록 10
"진실은 죽음이야."

영   깜짝이야!

놀라서 스크린을 올려다보는 영.

영   와우…… 멋있어요. 폼 나죠. 등장인물이 한 말이에요. 누군지는 모르겠고…… 죽음 이후의 두려움에 떨고 있는 사람이라면 이런 말 쉽게 할 수 없죠. 구상입니다! 작품에 대한 구상. 그래서 작품은 위대한 거죠. 예술로 꿈을 꾸는 사람들은 이런 말들을 믿고 싶어 합니다. 예술에서 감동은 수단일 뿐이죠, 마치 예수님의 기적이 수단인 것처럼. 작품의 목적은 진실이니까요. (스크린을 다시 보고) 음…… 죽음만이 모든 걸 얘기해줄 수 있다……
선생님은 자신의 꿈, 그러니까 불온한 꿈을 실현했습니다. 멋져요! (위스키를 또 한 모금 마시고) 신의 뜻을 거역하지 않는 선에서 죽음을 선택한 거예요. 그런데 이게 자살하고 뭐가 다르죠? 양화대교에서 신발 벗어놓고 떨어지는 거 하고, 치료를 거부하고 곡기를 끊은 상태에서 서서히 죽는 거 하고. 곡기 끊고 죽은 사람, 종교적으로 비난하진 않죠. 그러니까…… 불온한 꿈을 최대한 온화하게 실현한 거예요.

텍스트, 사라진다.
수민의 공간, 요셉이 수민을 지켜보고 있다.
영이 핸드폰을 만지작거리면 수민이 침대에서 일어나 창문 쪽으로 간다.
창밖을 바라보는 수민.

영   마지막 3개월. 기록으로 알 수 없는 것들이 있고, 마지막을 함께 한 여자의 전화번호가 있다……

영, 망설이다 결국 포기한다.

영   아니, 처음 생각대로 주어진 것만 분해하도록 하죠.

수민, 뒤돌아서 요셉을 본다.

영   마지막까지 가족들에게도 알리지 않고 맞는 죽음. 가족들도 이 여자의 존재를 알고 있을 거예요. 나도 아니까. 하지만 사람의 생각은 비슷할 겁니다. 이 여자의 존재를 인정하고 싶지 않을 거예요.

의연의 공간.
책을 이리저리 돌려가며 보고 있는 의연.

의연   다른 박테리아를 삼켜서 몸속에 기관을 만든다…… 죽은 사람을 삼키
       면 내 몸속 어딘가에서 살아간다……

       의연, 책을 내려놓고 정면을 바라본다.
       수민이 일어나 정면을 본다.
       마치 바람이 불어오는 곳을 보듯.
       의연이 자리에서 일어난다.
       영, 자리에 앉는다.

영   특별한 게 얽혀 있지 않은 한 절대 연락하지 않을 겁니다.
수민   (정면을 보고) 여보세요.

       영, 놀란 표정으로 정면을 본다.

의연   (정면을 보고) 안녕하세요.
수민   (조용히 한숨을 내쉬듯) 안녕하세요.

       요셉, 수민의 뒷모습을 지켜보다가 일어나서 무대 중앙으로 걸어 나온다.
       음악.

수민   고마워요, 전화 줘서.

       조명이 바뀌면 의연이 겉옷을 걸치고 걸어 나온다.

앞무대 중앙에서 하늘을 한 번 올려다보고, 뒷무대로 걸어가 수민의 공
간 앞에 선다.
의연이 심호흡을 할 때 요셉이 나타나 그 모습을 바라본다.
의연과 요셉, 눈이 마주친다.
바람이 분다.

암전.

3. 현실의 꿈

의연과 요셉이 마주친 상태로 잠시 서 있다.

의연의 옆을 지나쳐 나가는 요셉.

요셉의 뒷모습을 물끄러미 바라보는 의연.

의연, 요셉이 사라진 쪽과 수민이 있는 쪽을 번갈아 바라본다.

수민이 옷을 걸치고 차를 준비한다.

의연이 수민의 공간으로 들어간다.

수민   아무것도 없는 동네예요.

의연   ······

수민   그래도 외곽도로 타면 서울까지 얼마 안 걸려요. 서울로 출퇴근하는
        사람들도 많아요. (찻잔을 건네며) 드세요.

의연   (받으며) 고맙습니다.

수민   길에서 그냥 마주쳤어도 알아봤을 것 같아요. (사이) 그랬을 거예요.

의연   저도요.

수민   ······

의연   그랬을 것 같아요. (창밖을 내다보며) 들어오다 마주쳤는데······ 여기
        사는 분인가요?

수민   ······ 네. 같이 살아요.

의연   ······

수민   지금은.

의연   죄송해요. 그냥 별 뜻은 없어요.

수민   아니에요.

두 사람, 자리에 앉아 창밖을 본다.
하늘빛이 흐리다.

수민   창문이 좀 크죠? 겨울엔 바람이 많이 들어와요. 낮에 햇볕이 들어와도
        겉옷을 입고 있어야 할 정도로…… 추워요. (사이) 좋아하셨어요. 여기
        앉아서 밖을 내다보는 거…… (웃음) 아무것도 없지만.
의연   ……
수민   그냥 도로에 지나다니는 차들밖에 없어요. 가끔 구급차 소리, 그리
        고 오토바이 소음이 들리면 한참을 말없이 서 계셨어요. 어둠 속에서.
의연   전 잘 몰라요. 별로 아는 게 없어요.
수민   나도 잘 몰라요.
의연   ……
수민   꽤 오랜 시간을 함께 지냈지만…… 정말 아는 게 없어요. 그리고 남은
        물건도 없어요. (컴퓨터 모니터를 가리키며) 전화로 얘기했던 거……
        여기 남아 있는 파일 몇 개 이외엔 아무것도 없어요. 이소룡 알아요?

의연, 고개를 젓는다.

의연   군인?

수민, 웃는다.

수민 그리고…… 아무 말도 남기지 않았어요. 마지막까지. 말을 하지 않기
      로 결심한 아이처럼 말을 아꼈어요.

      수민, 고개를 숙인다.
      의연, 차를 마신다.

수민 파일에 있던 작가들 책을 몇 권 구했어요. 가져가실래요? 난 책을 잘
      안 읽어요.
의연 (고개를 저으며) 아뇨. 전 책을 잘 못 읽어요.
수민 ……
의연 난독증이 있거든요.
수민 아, 그래요……
의연 (차를 한 모금 마시고) 무슨 차예요?
수민 (맛을 보고) 잘 모르겠어요. 들었는데 잊어버렸어요.

      두 사람, 차를 마신다.

수민 사실…… 기다렸어요. 왠지 모르지만 그냥…… 기다렸어요. 특별히
      할 얘기도 없고, 전해줄 것도 없지만…… (의연의 얼굴을 보며) 보고
      싶었어요.
의연 (수민의 얼굴을 한번 보고) 전 엄말 닮았대요. 어렸을 때 헤어져서 엄
      마 얼굴은 기억 못 해요. 엄마가 외국으로 떠나고 아빤 재혼을 했는
      데, 얼마 못 가서 또 혼자가 됐어요. 아줌마가 암으로 돌아가셨거든
      요. 아줌마하고 함께 우리 집에 온 아이하고 할머니하고 나, 셋이서

같이 살아요, 지금도. 아빤 오래전에 집을 나갔고…… 할머니하고 크게 싸운 기억이 나요.

의연, 일어난다.
창밖에 새가 날아간다.

의연 졸업식 날, 내 생일날, 그리고 무슨 날이었는지 잘 기억나지 않는데 눈이 내리는 날 아빠를 만났어요. 아빠 얼굴이 잘 생각나지 않는 건 내가 그때 아빠를 제대로 쳐다보지 않았기 때문일 거예요. 주문한 음식은…… 먹지 않았어요. 세 번 모두. 일부러 그런 건 아닌데…… (사이) 그다음엔…… 연락이 없었어요.

수민이 새를 바라보는 것 같다.

의연 할머닌 요양원에 계세요. 오래 못 사실 것 같아요. 일주일에 한 번씩 찰리하고 번갈아서 할머니를 만나러 가요. 아줌마하고 우리 집에 온 아이요, 남자아이예요. 할머닐 좋아해요. 할머니는 눈을 뜨고 가만히 누워 계세요. 찰리는 할머니가 무슨 생각을 하는지 궁금하대요. 가장 오래 남는 건 사람 냄새예요. 찰리는 할머니 냄새가 아주 오래갈 거래요. 아빠 냄새도 오래가겠죠?
수민 ……
의연 요양원에 갔다 온 날은 항상 물냉면을 먹어요.

의연과 수민이 마주 선다.

의연　한번 와보고 싶었어요. (인사하며) 고맙습니다.

　　　의연이 찻잔을 내려놓는다. 돌아가려는 듯.

수민　선생님이 좋아하시던 곳이 있어요.

　　　의연, 멈춘다.

수민　여기서 멀지 않은데……

　　　의연, 수민의 얼굴을 바라본다.
　　　두 사람, 잠시 마주 서 있다.
　　　찰리, 누군가의 전화를 받고, 앞 무대에서 서성거리다 자기 자리로 가서
　　　초콜릿을 먹는다.

찰리　(고개를 갸우뚱하며) 할머니가 돌아가신다? 할머니…… 돌아가신
　　　다…… 할머니…… 이상한데? 할머니……

　　　찰리, 옷을 입고 나간다.
　　　다시 들어와서 옷을 벗는다.
　　　옷을 입고 나갔다가 다시 들어오기를 반복하는 찰리.
　　　음악.
　　　영, 한 손엔 술잔, 다른 손엔 기록을 들고 있다.

영   기록의 마지막을 향해 갑니다. 마지막 날, 성녀와 같은 여인의 인도
     를 받아 마지막 장소에 도착합니다. 기록 속의 장소는 유명한 곳이죠.
     6번 국도를 따라가다 보면 지나치는 곳이에요. (기록을 보며) 다리가
     나오고, 사람들이 나오고, 커다란 새가 날아다니고. 아이들이 강가에
     서 놀고 있습니다. 풍선인지 비눗방울인지 동그란 것들이 날아다녀
     요. 기록에 묘사된 걸 그리면…… (종이 한 장을 보여주며) 이런 그림
     이 돼요.

     아이들이 그린 것 같은 그림을 보여준다.
     중앙에 있는 커다란 동그라미에 그림이 나타난다.

                        그림
                     강가의 풍경.

영   하늘에서 빛이 쏟아지는데 비가 내립니다.

                  그림 위에 비가 내리고,
               그림 위에 텍스트 : 다시 죽은 이의 기록 1
                     "저 하늘의 빛.
                  구름 사이로 가늘게 쏟아지는 저 빛.
                   난 오로지 저 빛만을 믿습니다."

영   "난 오로지 저 빛만을 믿습니다."

텍스트, 사라진다.

찰리   (의연에게 하듯) 할머니가 열이 많이 난대. 병원에 가야 해. (사이) 우리 이제 진짜 고아 되는 거네.

찰리, 중얼거리며 나간다.
요셉이 들어와 수민의 침대가 있는 곳으로 간다.
자기 물건을 정리해서 캐리어에 넣는다.

요셉   (다른 공간에 있는 수민에게) 진짜 가는 거예요, 진짜. (사이) 우선 홍콩 으로 갈 거예요. 아뇨-. 거기서 진짜 요리를 배워보려고. (팬을 들고 요 리하는 시늉을 하며) 그다음에…… UFC 한번 나가볼까? (캐리어를 끌 고 나가며) 가게 신경 써요. 이번 달에 또 적자예요. 그리고 밤에 혼자 돌아다니지 말고. 영화 좀 그만 보고……

요셉이 캐리어를 끌고 나간다.

영   사실 기록을 따라 이 다리에 몇 번 가봤습니다. (웃음) 여러 번. (사이) 어떻게 보면 별거 없어요. 어디에나 있을 법한 그냥 그런 다리…… 그 런데 뭔지 모를 소리, 소리가 들리는 것 같았어요. 매번. 환청일 수도 있지만…… 소리가 들렸어요. 뭔가가 울리는 소리……

공작새 울음소리.

영   이야기란 그런 거예요. 없는 걸 만들어내죠.

         수민과 의연이 뒷무대에 있는 단 위로 올라간다.
         강바람이 불어온다.

수민   자주 왔어요. 새벽에 왔을 때는 차를 세우고 물안개가 피어오르는 강
         을 바라보기도 하고…… 좋아하셨던 것 같아요.

         의연이 강물을 바라본다.

의연   강물이 반짝이네요. 눈이 부셔요.
수민   계절마다 물빛이 달라져요. 해 질 녘에 보면 정말 좋아요. (사이) 그러
         셨어요. (사이) 그렇게 말했어요.
의연   (혼잣말처럼) 여기서?
수민   여기서. 늘 여기서 이렇게 바라봤어요.
의연   왜 여길 좋아했을까요?

         수민, 고개를 젓는다.

수민   모르겠어요. (사이) 물어볼 걸 그랬나 봐요…… (웃으며) 물어볼 걸 그
         랬어요.

         그림 속의 공간을 떠올리는 영.

영　새벽에 다리에서 강물을 바라보면 마치 시간이 멈춘 듯한 느낌이 들기도 하죠. (사이) 멈춰진 시간 속에 진입하고 싶다는 바람이었을까요. 그 공간 속에 영원히 담고 싶은 사람을 기다리며…… 죽음을 준비하면서 먼저 누구에겐가 용서를 구하고, 그다음으로, 기다릴 수 있는 곳을 찾았던 걸 겁니다. 누군가를…… 죽어서…… 진정으로 관계 맺기를 원했던 사람을 기다릴 수 있는 곳.

의연의 목소리가 강물 속에 잠긴다.

의연　이제 우린 고아가 됐어요. 찰리도 곧 떠날 거고요. 할머니는 계속 천정을 바라보고 있었는데…… 이제 눈을 감으실 거예요.

요셉이 캐리어를 끌고 들어와 앞 무대에 선다.
이어서 찰리가 들어와 쪼그리고 앉는다.
수민이 뒤돌아서서 강물을 바라본다.
의연만 앞쪽을 보고 있다.
그림, 사라진다.

영　이 이야기는…… 어느 평범해 보이는 작가가 죽기 전에 남긴 기록에 관한 것이었습니다. (사이) 기록에는 깨어진 영혼들이 등장합니다. 기록은 그들을 담고 있습니다. (기록을 다시 보고) 하지만 아직도 누군가를 기다리고 있는 것 같아요. 그냥 개인적인 감상일까요? 어쩌면 강가에서…… 영원히 누군가를 기다리게 될지도 모르겠네요. 외로울 겁니다. (기록들을 가지런히 모으고) 사실…… 이 기록을 연결해서 뭔가 이야기를 만들어보려는 생각을 했습니다. 그렇게 해서라도 정리를…… 하고 싶었던 거죠, 선생님. 선생님과의…… 관계를. 장례식이 끝난 후부터 이 기록에서 하루도 벗어나질 못했습니다. 하지만 이제 이야기는 여기서…… 끝입니다. 기록은 원래의 상태 그대로 남길 생각이에요. 그래야죠. (사이) 그리고 지금은 깨어진 영혼들을 마음으로 느끼면서…… '죽은 사람이 남아 있는 사람들에게 남기는 것'에 대해 생각하고 있는 중입니다. 아마 이런 생각의 전염이 선생님이 남기고 간 거고, 또…… 기록은…… 그런 거겠죠. 그렇게 믿고 싶고요.

그림이 있던 동그라미에 마지막 강가의 모습이 영상으로 나타난다.

영상 7

하늘에서 구름 사이로 빛이 쏟아지고, 비가 내린다.

성녀를 닮은 여인이 다리 위에 서 있다.

소년이 쪼그리고 앉아 있다.

길을 떠나는 청년.

영상 속에 한 소녀가 나타난다.

강물을 바라보다가 여인 쪽으로 걸어간다.

여인과 소녀, 손을 잡는다.

의연이 천천히 돌아서서 강물을 바라본다.
잠시 후 의연이 수민 쪽으로 다가간다. 두 사람, 손을 잡는다.
무대와 영상이 일치된다.

하늘에서 공작새 울음소리가 크게 울려 퍼진다.

암전.

끝.

2018

유 돈 언더스탠드

You don't understand

멜로 80's

초연 - 〈유 돈 언더스탠드 You Don't Understand〉

2010. 5.6 - 12
미마지아트센터 눈빛극장. 서울
극단 유랑선

등장인물

현

정혜

산하(山河)

2010년.

도심에서 40킬로미터 가량 떨어진 교외.

강변 마을에서 차로 약 십 분 정도 걸리는 산속에 집이 서너 채 있다.

잣나무숲이 바라보이는 산자락에 20년 전에 지은 현 일가의 시골집.

별장이라고 하기에는 허름하고, 그저 근교에서 흔히 볼 수 있는 평범하
고 아담한 단층 가옥.

대여섯 평 남짓한 별채가 현의 서재.

빛이 거의 들지 않아 낮에도 전등을 켜야 할 정도로 어둡다.

1.

12월 초. 오후.

여기저기 방안에 상자가 쌓여있고 책들이 널려 있다.

책상 위에 원고를 쓰다만 흔적.

마룻바닥이지만 난방시설이 되어 있다.

오른쪽으로 이부자리, 주위에 찻잔, 주전자.

앞쪽으로 탁자와 방석. 옆에 작은 전기스토브.

탁자 위에 유행이 지난 카세트 플레이어와 CD 플레이어.

오래된 음반들이 책더미 속에 뒤섞여 있다.

상자 뒤쪽에서 신음.

까치 울음소리도 들린다.

남자와 여자의 알몸이 잠깐씩 보였다 사라진다.

여자의 신음이 더욱 커지는데 쌓여있던 상자가 무너진다.

남녀의 비명.

잠시 후 웃음소리.

정혜가 시트로 몸을 가리고 나온다.

정혜   예감이 불길했어요.

현   (주섬주섬 옷을 입으며) 왜?

정혜   까치. 쟤네들 울음소리 들으면 왠지 기분이 그래요.

현   불길한 손님이 오는 건가?

정혜   (다시 생각하다가 웃으며) 어떡해요?

현   뭘?

정혜   끝내긴 하신 거예요?

현   (스웨터를 껴입고 책상에 앉으며) 응.

정혜   (잠깐 자기 몸을 확인하는 듯한 표정을 지으며) 정말?

현   그게 뭐가 그렇게 중요해?

정혜   (스토브 쪽으로 가 앉으며) 이거 볼수록 이쁘다.

현   가져가.

정혜   싫어요. 선생님 물건들은 다 …… 그런 거잖아요. (사이) 의미 있는 거.
       언제 샀고, 몇 년 됐고, 왜 샀고, 누가 줬고 ……

현   그렇지 않은 물건이 있나?

정혜   그래도 그렇게 의미를 두지는 않아요, 특별한 것 외에는. 잊어버리
       고, 버리고.

현   나도 버려.

정혜   버리고 또 의미 부여하실 거죠? "예전에 빨간색 스토브를 가지고 있

있는데, 어느 겨울, 이사하기 전날 서재 정리를 도우러 온 제자와 섹
스를 끝낸 뒤 줘버렸다."

현   (창문으로 가서 밖을 보다가) 까치가 잣나무를 덮었어. 나무 부러지겠
      다.

정혜   눈 그쳤어요?

현   아까 그쳤다니까.

정혜, 짧은 한숨.

현   (다시 책상으로 와서) 약간 날리다 말았어.

정혜   펑펑 쏟아지길 바랬는데……

정혜, 탁자 위에 있는 사진 액자를 집어 든다.

정혜   아들 사진은 없고 조카 사진만 있어요?

현이 정혜 쪽을 돌아본다.

정혜   몇 학년이에요?

현   휴학 중이야. 제대로 다녔으면 올해 대학원 들어갔지.

정혜   직업병이에요.

현   뭐가?

정혜   다 대학원 들어가요? (웃으며) 뭐하고 싶대요?

현   글 써.

정혜 음-.

현   (노트북을 켜고) 전화도 한 통 없어. 벌써 한 달이 다 돼가는데.

정혜 어디…… 갔어요?

현   유럽.

현이 잠시 고개를 들고 먼 곳을 본다.

현   (혼잣말처럼) 한 군데 박혀 있을지도 모르고……

정혜 여행?

현   음.

정혜 좋겠다. (사이) 난 어쩌다가 비행기도 한번 못 타봤을까?

현   타 봐.

정혜, 책상 앞쪽에 있던 상자 하나를 집어와 그것을 연다.

노란색 냅킨 한 장, 카세트테이프 하나, 편지지, 머리핀, 그리고 사진 한 장이 들어있다.

사진을 유심히 보다가 현을 의식하고는 상자 안에 다시 넣고, 노란색 냅킨을 스토브 불빛에 비춰본다.

정혜 "장밋빛 인생에 있어. 맥주 마시고 싶어. 너 이름 대고 마실게."

현, 뒤돌아본다.

잠시 생각하다가 천천히 정혜 쪽으로 와서 상자를 집는다.

정혜가 노란색 냅킨을 건네주자 그것을 받아서 읽어본다.

책상 쪽으로 가면서 상자 속의 물건들을 확인하고 뚜껑을 닫은 후 책장 쪽에 놓는다.

정혜 '장밋빛 인생'이 어디 있는 거예요?

현   신촌. 예전에.

정혜 지금도 있어요?

현   옛날에 있었다니까.

정혜 아니, 이름은 바뀌었어도…… 그 자리가 있냐고요?

현   없을 거야.

정혜 안 가보셨어요?

현   ……

정혜 (웃음) 어쩜 그런 것까지…… (사이) 그거 음식점에서 쓰는 냅킨 아닌가? 포크, 나이프 놓을 때……

현   그럴걸.

정혜 정말 사랑했나 봐요.

현   ……

정혜 (현의 얼굴을 빤히 보며) 한번 가보지 그러셨어요.

현   (일어나며) 나가서 먹을까?

정혜 음…… 좋아요. 뭐가 있어요?

현   오리구이, 장어구이, 손두부, 동치미국수, 시골밥상, 칼국수, 기타 고깃집들.

정혜 맥주 마시고 싶어요, 선생님 이름 대고.

현이 이부자리 쪽으로 가 베개를 든다.

정혜, 웃으며 이불 속에 머리를 숨긴다.
현이 정혜에게 다가가 베개로 누른다.
잠깐 두 사람의 장난.

현   옷 입어.
정혜   조금만 있다가요.
현   (정혜를 일으키며) 배고파. 얼른 입어.

정혜, 시트를 둘둘 만 상태로 책상으로 도망친다.

정혜   (노트북을 켜고) 신촌에 있는 '장밋빛 인생'……
현   들어봤어?
정혜   뭘요?
현   〈장밋빛 인생〉.
정혜   노래예요?
현   허-.
정혜   노래구나. 카페 이름…… 좀 그렇다고 생각했는데.
현   찾아봐.

정혜, 인터넷으로 〈장밋빛 인생〉을 검색한다.
현, 책들을 정리해서 상자에 넣는다.

현   이런 쓰레기 같은 책들을 다 짊어지고 다녀야 하니……
정혜   다 가져가실 거예요? 분류는 어느 정도 된 것 같은데.

현   ……

정혜   이렇게 본격적인 서재일 줄은 몰랐어요. 그냥 방학 때 들러서 쉬거나
        잠깐씩 머리 식히러 오시는 곳이겠거니 했는데, 세상에……

현   좀 가져갈래?

정혜   됐어요. (검색 내용을 보며) 라 비 앙 로즈La Vie En Rose? 이거 맞아요?

현   맞아.

정혜   에디트 피아프Edith Piaf……

        스피커에서 〈장밋빛 인생〉이 흘러나온다.

정혜   (앞부분을 듣고) 아-, 이 노래구나.

현   공해야.

        정혜가 돌아본다.

현   (논문 한 권을 펼쳐보며) 이걸 논문이라고……

정혜   (음악을 들으며) 버리세요.

현   항상 새해가 되면 다짐하지. 올해는 정말 정리한다, 이건 아니다, 버리
        면서 살고 싶다, 이런 것들을 뒤적이면서 밥을 먹고 있다, 버리자……

정혜   그러면서 (오른쪽 상자로 가서) 이런 잡지들은 왜 안 버려요? '신동아'
        83년, '월간조선' 87년, '창비', '문지', '말', 이 흔한 잡지들을……
        신문 스크랩만 세 상자예요. (뒤적이다가) 다 옛날 것들…… 뭐예요?
        뭐…… 쓰실 거예요?

현   아니…… 특별히 그런 것도……

정혜   목록 만들어드려요? 그럼 버려도 되잖아요.

현   아니. (사이) 정리되겠지.

정혜   내가 초등학교 다닐 때네.

현   (정혜 쪽을 보며) 그거 말고 논문이나 좀 어떻게 해줘. 학교 건 다 버려.
       아파트에 있는 것들도 다 버릴 거야.

정혜   그럼, 저 냅킨의 주인공은 대학 때 만난 거예요?

현   ……

정혜   왜 헤어졌어요?

현   (다시 책을 정리하며) 다른 남자하고 결혼했어. 어느 날 갑자기.

정혜   선생님하고 사귀다가요?

현   음.

정혜   저런! 현실적인 사람이었나 보네요.

현   ……

정혜   그래서 지금은? 잘 살아요?

현   죽었어.

정혜   …… 미안해지려고 하네.

현   그럴 필요 없어. (스토브를 끄고) 밥 먹고 와서 하자. 바쁜 일 없어?

정혜   갔으면 좋겠어요?

현   시간 너무 많이 빼앗는 것 같아서.

정혜   이번 주까지는 자체 휴가예요. 학기 내내 하루도 못 쉬었어요. 이러다
       가 편집 기술자 되겠어요. 지겨워요.

현   그런 거 안 하고 취직한 사람 있겠어?

정혜   있어요. 유학 갔다 와서 잡일, 심부름 일절 안 하고 바로 교수 되는 사
       람들.

현   그래.

정혜   선생님 가신 다음부터 더해요.

현   거기는 일할 사람 많잖아.

정혜   일 만들기만 하는 사람은 많죠. (소설집을 넘기며) 그냥, 좀 힘들다는
        얘기예요. "오히려 전세대끼리의 갈등이 다음 세대에서 쾌적한 만남
        으로 이어진다면, 그건 환영할 만한 일이고, 그게 또 역사의 의미 아
        니겠습니까?"

현   ……

정혜   (조금 과장된 어조로) "북으로 상징되는 할아버지의 삶을 놓고, 아버지
        와 제가 감정적으로 갈라서는 걸 비극의 차원에서 파악할 것도 아니
        라고 봅니다." (현에게) 대학생 아들이 아버지한테 하는 말이에요. "할
        아버지가 자신의 광대 기질에 철저하여 가족을 버린 건 비난받아야 할
        일이나, 예술의 이름으로는 용서받을 수 있습니다." (조금 더 읽어보고)
        결국 이 손자는 데모하다가 붙잡혀 갔네요.

현   (웃으며) 잡혀가지. 애가 말하는 게 벌써 잡혀가게 돼 있잖아.

정혜   "아무래도 그 녀석이 내 역마살을 닮은 것 같아. 역마살과 데모는 어
        떻게 다를까." (책 표지를 다시 한번 보고) 아-, 86년!

현   ……

정혜   (이번에는 잡지 한 권을 들고) "메이데이엔 은방울꽃을!"

        현이 손을 멈춘다.

정혜   은방울꽃이 어떻게 생겼어요?

현   …… 사진 실려있을걸.

정혜   정말? (펴보고) 그러네. 예쁘다. "1905년 5월 1일. 하루 12~14시간
       씩 혹사당하던 노동자들은 메이데이를 맞아 8시간 노동제를 요구하
       며 대대적인 시위를 벌였다. 그날 시위에 참여했던 한 젊은 여성 노동
       자가 진압군에 의해 살해됐다. 그의 손에는 한 송이 은방울꽃이 들려
       있었다. 꽃말이 행복인 은방울꽃. 죽어가면서도 이 꽃을 놓지 않았던
       이 여성 노동자의 간절한 소망은 무엇이었을까. 그 뒤부터 프랑스 남
       성들은 메이데이가 되면 연인에게 은방울꽃을 바친다고 한다." 오-,
       은방울꽃이 이런 거였구나. 낭만적이네요.

현   어디든 낭만이 좀 끼어들어야 돼. 그래야 설득이 되거든.

정혜   참견할 일은 아니지만 제가 좀 편하려고 그러는데요……

현   음.

정혜   좀 버리시죠. 아파트도 보나 마나 이런 상태일 텐데……

현   버려.

정혜   진짜죠. (잡지와 신문 스크랩이 든 상자를 가리키며) 이거 다 버려요?

현   그래. (잠시 생각하다가 상자 쪽으로 가며) 저기 잠깐만.

       상자 안의 책들을 훑어보는 현.
       정혜, 어쩔 수 없다는 듯 포기하고 일어나 나간다.

정혜   씻고 올게요.

현   그래. 서둘러야겠어. 금방 해가 지니까. (정혜의 모습을 보고) 그러고
       나가는 거야? 감기 걸릴 텐데.

정혜   (담요를 뒤집어쓰고) 이렇게 하면 돼요. 안채에 더운 물 나오죠?

현   더운 물은 나오지. (사이) 동네 사람들이 볼 수도 있어!

정혜   (잠시 멈칫하다가) 초스피드로 달려가면 돼요.

        정혜, 담요를 뒤집어쓰고 뛰어나간다.
        현, 책과 잡지를 넘겨보고 나서 다시 상자에 담는다.
        까치 울음소리가 시끄럽게 들려온다.
        그때 산하가 문을 열고 들어선다.
        카키색 외투에 커다란 가방을 어깨에 걸쳤다.
        놀란 눈으로 바라보는 현.

현   언제 왔어?
산하   지금. 저 여자 누구예요?
현   어, 저기……
산하   애인?
현   ……
산하   (방 안을 둘러보며) 여기서……? 좀 그렇다.
현   앉아.
산하   어디에? (이부자리를 가리키며) 여기? 아직 따뜻하겠는데……
현   (책상 의자를 내주며) 여기 앉아.
산하   그러니까 애인이에요?
현   글쎄.
산하   작은아빠 별거한 지 몇 년 됐죠? 7년?
현   그런가……
산하   뭐 별로 이상할 것도 없지만…… (가방을 바닥에 내려놓고 의자에 앉으
        며) 그래도 좀 이상하다. 작은아빠라서 그런 건가?

현   다음 주에 온다고 했잖아.

산하   갑자기 마음이 바뀌었어요. 너무 추워요, 파리. 그런데 와보니까 여
      기도 춥네.

현   파리?

산하   음. (현의 표정을 살피며) 왜요?

현   아니야. 마지막에 파리로 간 거야?

산하   (잠시 망설이다가) 아니. 계속 파리에 있었어요.

현   그래? (시선을 돌리고) 갑자기 추워졌어. 여기도……

산하   방해한 거네. (일어나며) 갈게요.

현   괜찮대도.

산하   작은아빠는 괜찮겠지만 저 담요 두른 여자는 아닐 텐데.

현   인사…… 했어?

산하   음. 정면으로 부딪쳤으니까. (손으로 상황을 묘사하며) 이렇게! 안녕하
      시냐니까 안녕하대요.

현   ……

산하   자주 오나 보죠?

현   짐 정리 도우러 왔어.

산하   (창문 밖으로 보며) 안채는 어떻게 해요? 짐이 꽤 많을 텐데.

현   작은 차가 할머니 집으로 가. 지난주에 대강 정리했어.

산하   아빠 짐은요?

현   그것도 할머니 집으로 갈 거야.

산하   (다시 앉으며) 그냥 예정대로 다음 주에 올 걸 그랬어요.

현   아니야, 잘 왔어.

현이 잠시 생각하다가 정혜의 옷가지를 집어 들고 나간다.

혼자 남은 산하, 일어나 창밖을 내다본다.

들릴 듯 말 듯 귀에 익은 팝송을 흥얼거린다.

생각난 듯 핸드폰을 열고 전화를 건다.

산하   예, 할머니. 저예요. (사이) 네. 지금 비행기 타요. (사이) 내일 오후에
      도착해요. (사이) 그럼요. 내일 뵐게요. (사이) 네. 없어요. 아주 건강해
      요. (사이) 전화 드릴게요. (사이) 네.

핸드폰을 닫고 피곤한 듯 의자에 앉아 눈을 감는다.

잠시 후 가방에서 뭔가를 꺼낸다.

봉투 속에 든 사진 한 장.

물끄러미 그것을 바라본다.

인기척이 나자 주머니에 사진을 넣는다.

현과 정혜가 들어온다.

코트를 입고 머플러까지 한 정혜.

산하   훨씬 잘 어울려요.

현   (정혜에게) 조카야.

산하   안녕하세요.

현   (산하에게) 정혜. 예전에 강의 나가던 학교 조교. 내 일을 자주 도와줘.
      지금은 강의도 하고…… 글도 쓰고.

정혜   안녕하세요.

산하   죄송해요. 갑자기 찾아와서, 아니, ……오게 돼서. (사이) 아, 어색하다.

정혜   아니에요. (현에게) 갈게요.

현   (산하에게) 역까지 데려다주고 올게.

산하   (두 사람, 나가려고 할 때 일어나며) 아니, 저······ 그냥 같이 있었으면 좋
       겠어요. 오늘 눈 온대요. (정혜에게 다가와서) 예뻐요.

정혜   음?

산하   예뻐요.

       정혜, 현을 쳐다본다. 현, 산하를 쳐다본다.

산하   같이 있었으면 좋겠어요. 오늘로 이 집, 마지막이잖아요? 눈도 올 거
       고······ (현에게) 냉장고에 먹을 거 있죠?

현   어. (사이) 어?

산하   그럼, 사 오죠 뭐. 일부러 일찍 돌아온 거예요. 오늘이 마지막이니까.

       산하의 행동을 살피는 현.

산하   파티해요, 우리.

현   파티?

산하   마지막 파티.

       현, 난처한 듯 손으로 얼굴을 쓸어내린다.

정혜   난 좋아요.

현, 고개를 돌려 정혜를 본다.

정혜   어차피 정리도 다 안 끝났고…… 선생님만 괜찮으시면.

산하   선생님은 괜찮아요.

정혜   식사하러 나가려던 참이었어요.

산하   그래요? 그럼 잘 됐다. 나도 배고파요, 작은아빠. 식사하고 장 봐서 돌
        아오는 거예요. (현에게) 어때요?

현   어…… 난 괜찮아.

산하   좋아요. 그럼 나가요. 냉장고에 뭐가 있는지 확인하고 나갈게요.

        산하가 먼저 나간다.
        두 사람, 잠시 서 있다.

현   저…… 아무래도 그냥 가는 게……

정혜   알아요. 그런데 이 집이 마지막인 것처럼 저도 마지막이에요.

현   뭐가?

정혜   ……

현   무슨 소리야.

정혜   오늘 파티해요, 우리.

        정혜 나간다.
        현, 어리둥절한 표정으로 서 있다.
        창밖에 눈이 내리기 시작한다.

암전.

2.

세 시간 뒤.

이미 밖은 어둠이 내려앉았다.

눈발이 잠시 굵어졌다가 지금은 그친 상태.

낮보다 오히려 포근해진 느낌이다.

현은 보이지 않는다.

산하는 책상 의자에, 정혜는 스토브 옆에 앉아 있다.

산하는 캔맥주, 정혜는 차를 마신다.

산하   스토브 켜지 그래요?

정혜   괜찮아요. 안 추워요.

산하   편하게 얘기하세요. 언니라고 불러도 되죠? ……안되나? 안되는구나.
        학생이고 교수님이니까. 그렇죠?

정혜   아니, 괜찮아요.

산하   편하게.

정혜   그래. 괜찮아.

산하   난 형제가 없어요.

정혜   선생님한테 들었어.

산하   (일어나 책장 쪽으로 가며) 어디까지 들었어요?

정혜   아, ……형님이 한 분 계셨는데 돌아가셨다고.

산하   엄마가 돌아가신 것도?

정혜   응.

산하   그럼, 다 들었네.

정혜   거기까지야. 얘기…… 많이 하는 분 아니잖아.

산하   (책상으로 돌아와 두툼한 노트를 펴고) 나에 대한 정보를 들었으니까 공
         평하게 해요. 작은아빠 언제 만났어요? 대학원 다닐 때?

정혜   응.

산하   그럼, 몇 년 된 거야, 10년?

정혜   응.

산하   사귀기 시작한 건 언제부터예요?

정혜   글쎄…… 사귄다는 게 뭔지……

산하   미국에 있는 작은엄마도, 알아요?

정혜   ……알아. 예전에 아파트 방문한 적 있어. 석사 논문 쓸 때. 미인이셨
         어.

         사이.

산하   내가 중학교 1학년 때였나…… 결혼한 게. 할머니가 좋아했어요, 작
         은엄마.

         산하, 책을 책장에 다시 꽂는다.

정혜   ……

산하   (노트에 뭔가 적으며) 성이도 알아요?

정혜   아니, 사진으로만 봤어.

산하   벌써 열 살이래요. 영어 잘한대요.

정혜   그렇겠지.

산하   결혼할 생각이에요? 작은아빠하고.

정혜   ……아니.

산하   왜요?

정혜   결혼 생각 안 하시니까. ……선생님.

산하   어떻게 알아요?

정혜   알아. (사이) 확실하게 알 수 있어.

산하   작은아빠, 사랑해요?

정혜   ……글쎄.

산하   작은아빠하고 너무 오랫동안 가깝게 지냈나 봐요?

정혜   ……

산하   작은아빠 말투하고 닮았어요.

정혜   그래?

         산하, 맥주를 다 마시고, 다시 하나를 집는다.

정혜   술 잘 마시네?

산하   조금. 정말 못 마셔요?

정혜   조금은 마실 줄 알아. (산하를 보고) 부럽다.

산하   뭐가요?

정혜   맥주 마시는 거 보니까. 난 찬 거 그렇게 못 마셔.

산하   그래요?

정혜   겨울에도 얼음물 마시지?

산하   (끄덕이다가) 정말 들을수록 비슷하네.

정혜, 웃는다.

산하 (의자에 앉은 채 창밖을 보며) 난 여기가 좋아요. 할아버지는 여길 싫어
　　해요. 할머니는 좋아하고…… 아빠는 아지트처럼 이 방을 사용했어요.
　　어렸을 때라서 뭘 하는지는 알 수가 없었어요. 무슨 심각한 작전을 짜
　　는 것 같았어요. 방문을 열어보면 늘 사람들이 꽉 차 있고, 술병이 널
　　려있고, 담배 연기가 가득하고…… 아빠 친구들은 나를 보면 꼭 노래
　　를 불렀어요. "가슴이 빠개지도록 사무치는 강산이여"

정혜 ……

산하 여기 오면 아빠를 만날 수 있었어요. 그런데 늘 사람들이 북적여서 아
　　빠하고 단둘이 얘기해본 적은 없는 것 같아요. 여러 사람들 속에 그냥
　　아빠가 있었어요. 초등학교 5학년 이맘때, 그날은 훨씬 많은 사람들이
　　모였어요. 밤새 노래 부르고, 서로 부둥켜안고, 춤추고…… 아빠가 우
　　는 모습도 봤어요. 할머니도 그랬어요. "잘 됐다, 아빠한테는 잘 된 거
　　다." (사이) 할머니는 꽉 막혔던 아빠 운이 풀려서 모든 게 아주 잘 될
　　거라고 했어요. (정혜를 보고) 작은아빠는 아빠를 싫어해요.

정혜 싫어한다고는 말씀 안 하시던데…… (사이) 하지만 성향이 전혀 다르
　　다는 건 알 수 있을 것 같아. 선생님하고…… (머뭇거리며) ……아빠
　　하고.

산하 (연필 두 자루를 들고) 아빠하고 작은아빠, 두 사람…… 같이 있는 걸 본
　　적이 없어요. (연필을 움직이며) 아빠가 있으면 작은아빠가 없고, 작은
　　아빠가 있으면 아빠가 없고…… 결혼하고, 내가 태어났을 때 아빠 엄
　　마는 분가했대요. 그때 집을 나가 살던 작은아빠가 할머니 집으로 들

어와요. 내가 세 살 때 아빠 엄마, 이혼했거든요, 엄마는 이혼하고 파
리로 갔어요, 아빠는 날 데리고 다시 할머니 집으로 들어갔겠죠?그러
면 작은아빠가 다시 나가요, 학교 근처에 방을 얻어서. 아빠가 돌아가
시고 나서야 작은아빠하고 왕래가 시작돼요, 할머니하고.

산하가 정혜의 얼굴을 빤히 쳐다본다.

정혜   (시선이 부담스러운 듯) 그게…… 형제끼리, 특히 나이 차이가 별로 안
        나는 형제끼리는…… 나도 우리 언니하고 별로 사이가 안 좋거든……
        (사이) 그래도 그건 좀……
산하   좀 그렇죠?
정혜   그래, 형젠데……
산하   할머니는 두 사람 다 숙일 줄 몰라서 그런 거래요. 겸손할 줄 몰라서.
        종교 있어요?
정혜   성당 다녀.
산하   작은아빠도 신은 믿어요, 교회는 안 나가지만.
정혜   알아.
산하   언제부터 교회 안 나갔는지, 왜 안 나가는지도 알아요?

정혜, 일어나 찻잔을 책상 위에 놓고 상자가 있는 쪽으로 간다.

정혜   교회…… 사람이 많이 모이는 곳에는 잘 안 가시니까. 글쎄, 물어본 적
        도 없고…… 성경도 있고 (책을 들어 보이며) 이런 것도 있어. 〈만들어
        진 신〉, 〈신은 위대하지 않다〉……

산하   꽤 오래됐어요, 교회 안 나간 지. (사이) 결혼하면 같이 성당 다니겠
      네요?
정혜   ……

      정혜, 어떻게 답해야 할지를 몰라 그냥 들고 있던 책을 뒤적인다.
      그때 현이 행주에 손을 닦으며 들어온다.

현   (잠시 분위기를 살피다가) 좀 심한 거 아냐. 저걸 나 혼자 다 하라고……
정혜   (책을 놓으며) 제가 할게요.
산하   (일어나서) 아니, 내가 할게요. (양손을 게 다리처럼 움직이며) 내가 사
      자고 우겼으니까.
현   그건 물 끓여서 넣으면 그만이고. 스파게티, 카레 재료, 삼겹살에 안
      심 스테이크, 두부, 어묵, 각종 야채들은 다 어떻게 하자는 거야. 고사
      리는 누가 넣은 거야? 어차피 내일 아침엔 다 버려야 해. 감자하고 고
      구마는 진짜 구워 먹자고?
산하   내가 다 먹어요.
정혜   저도 먹을 수 있어요.
현   ……
정혜   (행주를 받아들고) 다른 건 몰라도 스파게티는 잘 만들 수 있어요. 자취
      할 때 3년 동안 룸메랑 매일 만들어 먹었거든요.

      정혜, 두 사람을 남겨두고 먼저 나간다.
      현이 산하를 바라본다.
      산하가 돌아서서 창 쪽으로 간다.

산하의 뒷모습을 바라보는 현.
잠시 그렇게 서 있다가 현이 나가려고 돌아선다.

산하 엄마 유품이 있었어요. 트렁크 하나. (손으로 모양을 만들며) 이만한 거.
현   그래?
산하 파리에서 2년 동안 엄마하고 살았던 사람의 아버지래요. 내가 묵고 있
     는 아파트까지 그걸 끌고 왔더라고요. 아주 맘씨 좋은 할아버지였어
     요. 오래전에 아들 집을 정리하면서 나온 거랬어요. 그 사람 스페인인
     가 어디로 떠났나 봐요.
현   어떻게 알고 찾아왔지?
산하 내가 연락했어요. 파리에 아직 엄마를 기억하고 있는 사람들 많아요.
     그중에 몇몇은 아빠도 기억해요. 대부분 파리는 좁으니까 그렇다고
     얘기하지만…… (웃으며) 유명인들 덕분에 나도 유명해진 것 같아서
     걱정돼요. 마들렌에 있는 호텔에도 갔었어요. 교회 뒤편에 있는 호텔.

현의 표정이 굳는다.

산하 엄마가 자주 묵었던 곳이에요. 지금은 임대 아파트로 바뀌었어요. 로
     비에 엔조라는 고양이가 앉아있어요.

산하, 주머니에서 사진을 꺼내 현에게 건네준다.

현   이게 뭐야?

산하가 맥주캔을 책상 위에 올려놓고 탁자에 걸터앉는다.

현이 사진을 보면서 의자에 앉는다.

산하   작은아빠 사진이 왜 엄마 유품에서 나와요? 그것도 대학교 때 사진이.

현   이게 언제 찍은 거지…… 그냥 끼어있던 거 아닐까. (산하에게) 다른 사진하고 함께. 예를 들면 학교 때 친구들 사진이라든가……

산하   그거 한 장이에요. 달랑 한 장.

현   (한참 생각하다가) 저기……. (말을 잇지 못하고) 이 사진이 왜 엄마 집에서 나왔는지는…… 나도 잘 모르겠다.

산하   작은아빠를 알고 있는 사람들도 있었어요. 엄마가 이혼하고 파리에서 지낼 때, 작은아빠도 파리에 갔었어요.

현   갔었어.

산하   그리고 엄마, 만났어요.

현   그래. 딱 한 번.

산하   그 호텔에서.

현   맞아. ……그 프랑스 남자하고 결혼한 뒤였어. 그냥 얼굴만 잠깐 봤을 뿐이야.

산하   엄마는 그 사람하고 헤어지고 파리를 떠났어요. 그리고…… (사이) 서울에 왔어요, 잠깐. (노트를 보고) 10년 만에. 내가 초등학교 6학년 때 예요. 엄마는 날 만나러 왔다고 했어요. 한눈에 심각한 병이란 걸 알았어요. 그게 마지막이었어요. (현의 얼굴을 보고) 그때도 엄마 만났죠?

현   ……공항에서 잠깐. (사이) 너를 잘 부탁한다고…… 그 말을 하고…… 떠났어.

산하가 고개를 숙이고 잠시 서 있다.
현이 일어나 창 쪽으로 가서 밖을 바라본다.

산하   작은아빠는 엄마를 만났는데 아빠는 엄마를 못 만났어요. 그때 아빠
        가 날 앉혀놓고 이것저것 물었어요. 엄마에 대해서. 난…… 아무 얘기
        도 안 했어요. 엄마가 아픈 것 같다는 얘기도. 아빠한테 얘기하는 방법
        을 몰랐으니까…… 못했어요.
현   그래.
산하   얘기할 걸 그랬어.

        현이 산하를 바라본다.
        산하가 책상 위에 있던 맥주캔을 들고 한 모금 마신다.

산하   그다음이 아빠의 죽음이에요. 그것도 파리에서.
현   (머뭇거리다 어렵게) 아빠에 대해서는 몰라. 아빠하고는 얘기해본 적이
        별로 없어. 나도 끝까지…… 아빠하고 얘기하는 방법을 찾지 못했으니
        까. 난 그냥…… 내 얘기만 해야지.
산하   엄마 얘기도요.

        정혜가 들어와서 두 사람을 번갈아 바라본다.
        돌아서서 문 쪽으로.

현   금방 갈게.
정혜   아니에요. 천천히 오세요. 스파게티는 또 삶으면 되니까.

정혜, 나간다.

창밖에 눈이 쏟아진다.

현   (혼잣말처럼) 내일 차가 들어올 수 있을지 모르겠다. 어쩌면 이사 못 할 수도 있겠는데……

산하가 현의 뒷모습을 바라본다.

마치 두 사람이 거리를 두고 서서 창밖의 눈 내리는 풍경을 바라보고 있는 듯하다.

잠시 후 산하가 다가가 현의 뒤에 선다.

현이 돌아선다.

어색하게 서 있는 두 사람.

산하   파리는 너무 추웠어요. 호텔에서 계속 엔조를 안고 있었어요. 이거 봐요. 온통 다 엔조 털이에요. 그런데 여기도 추워요.

현   ……

산하   아빠가 왜 갑자기 파리에 간 거예요? 선거 후에는 여기 일도 바빴을 텐데.

현   몰라.

산하   ……

현   이유를 안다 해도…… 이해하긴 어려울 거야.

산하의 시선이 한곳에 머문다.

현　　너…… 이번에는 파리에 머물 거라고 생각했어. 왠지 그럴 것 같았어.
　　　(사이) 가기 전에 얘기하지 그랬니.

　　　현이 산하를 바라보다가 고개를 돌린다.
　　　현의 핸드폰이 울린다.
　　　모르는 번호인지, 확인하고 꺼버린다.
　　　두 사람, 잠시 그대로 서 있다.

현　　(어렵게 입을 열어) 일단……
산하　……
현　　스파게티를 먹고……

　　　산하가 현을 쳐다본다.

현　　그리고 생각해 보자.

　　　산하, 웃는다.

현　　뭘 좀 먹고 나면 생각이……
산하　(한숨을 내쉬듯) 좋아요. 그런데 맛없으면 어쩌지? 스파게티.
현　　(걱정스러운 표정으로) 글쎄……
산하　작은아빠하고 안 어울려요.

현, 산하를 쳐다본다.

산하   요리 잘하는 여자하고.

산하가 돌아서서 나간다.
현, 손에 들고 있던 사진을 다시 본다.
잠시 후 책장 쪽으로 가서 상자에 사진을 넣고, 창밖에 내리는 눈을 바라
본다.

암전.

3.

세 시간쯤 흘렀을까.

밤.

밖은 고요하다.

바람은 잦고 눈송이는 다시 커졌다.

책상다리에 기대앉은 산하.

와인 잔을 들고 있다.

잠시 후 정혜가 들어온다.

탁자로 가서 CD를 정리한다.

산하   맛있었어요.

정혜   고마워.

산하   이제까지 먹어본 것 중에 제일 맛있는 스파게티였어요.

정혜   설마.

산하   너무 많이 먹었나……

정혜   야채는 내가 다 먹었어.

산하   작은아빠는 늘 새 모이만큼 먹어요. (사이) 먹는 거, 입는 거, 노는 거,
       취미, 성격…… 아빠하고 정반대였대요. 할머니가 늘 그랬어요. "한 배
       에서 나왔는데 저렇게 다를까."

정혜   외모는?

산하   닮았어요. 목소리도. 누가 봐도 형제라는 걸 금세 알 정도로.

정혜   상상이 안 되네. 선생님 외모에…… 많이 먹고, 몸에 꼭 맞는 옷 입

고…… 사람 만나는 거 즐기고, 활동적이고…… 매사에 적극적이고, 비즈니스에 능하고, 협상에 강하고…… (산하를 보고) 선동적이고……?

산하   거의. 맞을 거예요.

정혜   매력적이겠는데…… (사이) 엄마하고 닮았어?

산하   판박이래요. 난 잘 모르겠어요.

정혜   느낌이 비슷한 거겠지.

산하   성격도 비슷하대요. (와인을 마시며) 나도 어쩌면 오래 못 살지 몰라요. 서른아홉에 돌아가셨으니까…… 엄마만큼 살려면 15년 남았어요.

정혜   산하가 몇 살 때야?

산하   중3.

정혜   암으로……

산하, 고개를 끄덕인다.

정혜   ……

산하   (바닥에 있는 와인 병을 가지러 가며) 아빠 사고당하고 2년 있다가. (와인을 따르며) 그 후로는 거의 작은아빠가 아빠였어요. 졸업식, 입학식, 진학 지도, 진로 상담, 글쓰기 지도, 연애 상담.

정혜   남자 친구 있어?

산하   지금은 없어요.

정혜   지도교수가 무능했던 거야.

산하   무능한데 어떻게 열네 살 차이 나는 제자랑 섹스를 해요?

정혜, 산하를 쳐다본다.

산하   (태연하게) 이거, 공격하는 거 아닌데……

정혜   ……음 ……글쎄. (사이) 어쨌든 내가 보기에는 무능해. 그것도 아주.
       첫사랑이 건네준 휴지 조각을 여태 간직하고 있는 거 보면…… 무능
       해.

산하   첫사랑이 누군데?

정혜   나도 잘 몰라. (웃으며) 아까 책 정리하다가 우연히 발견해버렸어. 노
       란색 냅킨, 카세트테이프, 편지지, 머리핀, 사진 한 장.

산하   ……무슨 사진?

정혜   첫사랑 사진. 북한강 정도 될까? 배 타고 있는 여학생 사진. 여대생.

       두 사람, 눈이 마주친다.
       정혜가 책장 쪽으로 가서 상자를 찾아 산하에게 건넨다.
       산하가 상자를 받아 뚜껑을 연다.
       담겨있는 물건을 하나씩 꺼내 보는 산하.
       사진을 집는다.
       잠시 바라보다가 고개를 든다.
       정혜, CD 정리를 멈추고 고개를 든다.
       두 사람, 다시 눈이 마주친다.

산하   음?

정혜   (미소 지으며) 음?

두 사람, 가볍게 웃는다.
다시 CD 케이스를 열어보는 정혜.
산하가 상자를 제자리에 놓고, 의자에 앉는다.
잠시 침묵.

산하   (밖을 보고) 예전에 눈이 오면 여기서 못 나갔었는데……
정혜   지금은?
산하   가구 수가 늘어서 그렇지는 않아요. 포클레인으로 치울 때도 있어요.
정혜   그래? 볼만하겠는 걸.
산하   이사는 힘들겠네.
정혜   (혼잣말로) 낮에 갔어야 하는 건데……

산하가 정혜를 보고 웃는다.

정혜   많이 와?
산하   그쳤어요.

현이 간단한 안주와 위스키 병을 들고 들어온다.
어디가 좋을지 잠시 망설이다가 방 한가운데 놓는다.
이불을 말아서 한켠에 치우고 방석을 가져다 깔고 앉는다.

정혜   수고하셨어요. 거의 한 시간 걸렸네요.
현   일주일 치 식량을 다 먹어 치웠어.
정혜   설마.

현   설거지도 일주일 분량이었어.

산하   통나무집, 불이 켜져 있어요.

현   가끔 오는 것 같아.

산하   이사 안 간대요?

현   그런가 봐.

산하   송전탑, 안 무섭대요?

현   (위스키를 따르며) 이 정도 거리면 괜찮대.

산하   흠-, 용감하네.

현   그 정도 나이 되면 다 용감해져.

정혜   언제 세우는 거예요, 송전탑?

현   곧.

산하   (의자에 앉으며) 76만 5천 볼트 전기가 머리 위에서 쏟아져 내려도 사
      람들은 살아요. 끈질긴 생명력이에요.

정혜   이 집은 어떻게 되는 거예요?

현   잘 몰라. ……어쩌면 펜션이 될 수도 있어.

정혜   (산하에게) 할머니, 많이 섭섭하시겠네.

현   그렇지도 않아. 헐값에라도 넘길 수 있어서 다행이라고 생각하셔.

      세 사람, 잠시 침묵.

산하   (뒤쪽에서 두 사람을 번갈아 보고) 불쌍하다.

      두 사람, 산하를 바라본다.

산하   나 때문에……

현   안 웃긴다.

정혜   (현의 눈치를 살피며) 파틴데 음악이 있어야죠.

현   ……들을 만한 게 있을까……

산하   (책장으로 가서 상자를 열고 테이프를 꺼내며) 여기.

       현과 정혜, 뒤돌아본다.

       외면하는 현.

       정혜가 일어나 테이프를 받는다.

       잠시 서서 그것을 보다가 현을 쳐다본다.

       창 쪽에서 그 모습을 지켜보는 산하.

       정혜, 조심스럽게 카세트 플레이어에 테이프를 넣는다.

       재생.

       몇 초 흐른 뒤 플레이어에서 음악이 흘러나온다.

       나나 무스쿠리Nana Mouskouri의 〈대니 보이Danny Boy〉.

       전주가 나오자 현이 습관적으로 안경을 벗어 안경알을 닦는다.

       산하, 아주 작고 가는 심호흡.

       정혜의 시선은 플레이어에 고정된다.

       나뭇가지에 쌓였던 눈이 쏟아져 내린다.

       창 쪽을 돌아보는 현.

       산하와 잠깐 눈이 마주친다.

       시선을 피하는 산하.

       현이 고개를 숙인 것처럼 보인다.

       침묵.

노래가 끝났다.

정혜   휴-. 끝났어요.

정혜의 말이 끝나자 이어지는 다음 곡.
그 곡도 〈대니 보이〉.
정혜가 볼륨을 조금 낮춘다.

정혜   역시 〈대니 보이〉예요. (케이스에 쓰인 글씨를 보며) 짐 리브스, 다음
      은 존 바에즈…… 이 노랠 좋아했었나 봐요? (사이) 바보 같은 질문이
      네요.
산하   작은 아빠가 자주 듣는 노래잖아요. 도노반, 밥 딜런은 없어요?
정혜   (케이스를 다시 보고) 없어. 전부 〈대니 보이〉야. (현에게) 무슨 내용이
      에요?
산하   (책상 쪽으로 가서 와인을 따르며) 아들을 전쟁터로 보낸 아버지예요. "
      꽃들이 시들면 네가 돌아오겠지. 그러면 난 죽어있을 거야. 넌 내 무
      덤에 와서 무릎 꿇고 작별의 인사를 하겠지. 대니 보이, 오 대니 보이,
      널 너무나 사랑한단다."

산하, 나지막이 시를 외우듯 노래를 따라 부른다.
"But when ye come, and all the flowers are dying. If I am dead,
as dead I well may be. You'll come and find the place where I am
lying. And kneel and say an "Ave" there for me."

정혜　나도 한 잔 주세요.

현　　뭐로?

정혜　맥주. 아니 와인요.

현이 와인을 유리컵에 따른다.
컵을 건네주는데, 책상 위에 있는 전화벨이 울린다.
정혜가 다가가 컵을 받아든다.
현이 전화 수화기를 든다.

현　　네. (사이) 아뇨. 아직 와요.

산하, "나 여기 없다"는 시늉.

현　　네. (사이) 괜찮을 거예요. 기다려보고 이장한테 전화해서 말해 볼게
　　　요. (사이) 네. 주무세요.

현, 수화기를 내려놓고 걱정스러운 듯 창밖을 본다.

산하　역시 비상 수단?

현　　글쎄.

산하가 정혜에게 다가간다.

산하　건배해요. 고립을 위하여.

128

정혜 (잔을 부딪치며) 아까 포클레인으로 치운다고 했잖아.
현   번거롭긴 하지만 한 시간이면 다 치워.

     산하가 탁자에 앉아 테이프 케이스를 집어 든다.

정혜 별세계 같아요. 정말 고립된 느낌이에요.
현   진짜 고립되면 하루도 못 견뎌.
정혜 일주일은 견딜 수 있지 않을까?
현   다 먹었어. ……둘이서.

     정혜, 웃는다.

산하 이게 첫사랑 글씨예요?
현   ……
산하 미술 하는 사람 글씨같아. (정혜에게) 안 그래요?
정혜 그런가? (사이) 미술 하는 사람 글씨가 어떤 건지……
현   미술 하던 사람이야.

     산하가 현을 쳐다본다.

산하 ……그래요?
현   그래.
정혜 아-, 그래서 선생님이 그림을 좋아하시는구나.
산하 왜 헤어졌어요?

현	……다른 남자하고 결혼했어. 어느 날 갑자기.
산하	……지금은 잘 살아요?
현	죽었어.
산하	……어떻게?
현	암으로. 서른아홉에.

정혜, 와인이 목에 걸렸다.
기침.
두 사람, 침묵.
정혜가 조심스레 두 사람의 표정을 살핀다.
〈대니 보이〉 연주곡이 흐른다.

정혜	같은 곡이지만 분위기가 전혀 다르네요.

침묵.
정혜, 엉겁결에 위스키를 컵에 따른다.
현이 돌아본다.
정혜, 컵을 들고 와인처럼 마신다.
두 사람, 눈이 마주친다.

현	그거, 뭐로 알고 마시는 거야?
정혜	음? (잔을 보고) 아- (가슴에 손을 대고) 위스키네요. (사이) 좋아요. 맛이.

한 모금 더 마신다.
잠시 후 딸꾹질.
현이 일어나 나간다.

정혜   미안해. (딸꾹질) 술 마시면…… 가끔 이래.

산하   첫사랑 생각나요?

정혜   (급하게) 안나. (딸꾹질) 아니…… 나쁜 놈이었어.

산하   (웃으며) 얼마나 나쁜 놈이었는데요?

정혜   아주 나쁜 놈. 지금 뭐 하는지도 몰라. (딸꾹질) 알고 싶지도 않고.

산하   가끔 생각나요?

정혜   생각나지. 그래도 생각하고 싶지 않아.

산하   그 사람이 아직도 언니를 생각하고 있다면……?

정혜   (딸꾹질) 그럴 타입이 아니야.

현이 물병과 잔을 들고 들어온다.
정혜가 그것을 받는다.
급하게 물을 따라 마신다.

현   천천히 마셔.

정혜   고마워요.

산하   (현에게) 놀래켜 줘요. 그럼 멈추잖아요.

현   뒷산에서 가끔 멧돼지 내려와.

정혜   지난번에 얘기했어요.

현   그래? (사이) 고라니도 내려와.

정혜   그것도.

현   고라니하고 눈이 마주치면 한동안 아무 생각도 못 하게 돼.

정혜   ……

현   꼭 나한테 무슨 말을 하는 것 같아. 눈이. 정말 하고 싶은 말이 있는
       데, 입을 다물고 있는 거야. 물어보고 싶은데…… 도망칠 것 같아서 못
       물어보고…… 그냥 서 있어야 해. (정혜에게) 어쩌면 내일 아침에 만
       날 수도 있어.

정혜   ……

현   (돌아서며) 멈췄어.

정혜   (끄덕이며) 멈췄어요.

       카세트 플레이어에서 갑자기 다른 분위기의 음악이 흘러나온다.
       세 사람, 플레이어를 바라본다.
       마마스 앤 파파스The Mamas and the Papas의 〈고 웨어 유 워너 고Go
       where you wanna go〉.

산하   고라니하고 사랑을 하게 된 거예요.

현   ……

산하   상대의 진실이 알고 싶어지면…… 그래서 못 견디게 되면 그건 사랑
       에 빠진 거예요.

       정혜, 일어서는데 약간 비틀거린다.
       카세트 플레이어 쪽으로 가서 테이프 케이스를 집는다.

정혜	(확인하고) 아닌데. 다른 건 아무것도 안 적혀 있는데……
산하	(현에게) 주도면밀한 사람은 아니었나 봐요.
현	내키는 대로 행동하는 쪽이었어.
산하	힘들었겠어요, 작은아빠.
현	……자주 사라졌어.
산하	어디로?
현	몰라. (책 상자 쪽으로 가서 뒤적이며) 한번은 사라졌다가 나타나서 내게 복사물들을 건넸어. (복사물들을 꺼내 들고) 원래 그쪽하고는 거리가 먼 친구였어.
산하	그게 언제 얘기에요?
현	3학년 때. 그 친구는 4학년. 4학년 때 느닷없이……
산하	이유가 있었겠죠.
현	글쎄. 뒤늦게 눈을 뜬 거겠지. 그렇게밖에는……
산하	……
현	현실, 사회, 역사…… (사이) 그렇게 눈을 뜰 수 있게 해준 사람을 만나게 된 거야.

산하, 시선이 한곳에 머문다.

현	아주 명석하면서 열정적이고, 그리고 선동적인 사람.
산하	그리고 그 사람하고 결혼을 한 거네요.
현	그래.

침묵.

정혜   이거, 음악이 너무 안 어울리네요. 바꿀까요?

산하   아니, 어울려요. (사이) 아주 잘 어울려요.

정혜   눈이 그친 것 같아요.

그때 전화벨 소리.
현이 수화기를 든다.

현   네. (사이) 오랜만입니다. (밖을 보며) 예. 지금은 멈췄네요. (사이) 아,
      그러세요. (사이) 예, 곧 나가겠습니다.

수화기를 내려놓고 잠시 그대로.
바닥에 있던 술병과 술잔을 든다.

현   대강은 치워야겠어. 나중에 차가 못 움직일 수 있으니까 지금 치우자
      고 하네. 잠깐 나갔다 올게.

산하   (정혜에게) 우리도 같이 치워요.

현   그냥 있어.

정혜   좋아요. 눈싸움해요, 우리.

현   눈싸움이 아니라 눈 치운다고.

정혜   치우면서 해요, 눈싸움!

산하   좋아요. 해요!

현, 두 사람을 바라본다.

산하   찾아보면 안채에 장갑 있을 거예요. 장화도 있고.
정혜   (자기 옷차림을 한번 보고) 좋아!

        산하가 먼저 나간다.

현   괜찮아?
정혜   괜찮아요. 어차피 파틴데요, 뭐. 내일 고라니만 만날 수 있으면 돼요.

        현, 하는 수 없이 먼저 나간다.
        정혜, 현의 뒷모습을 바라본다.
        잠시 후 책상으로 가서 테이프가 들어있던 상자를 올려놓고 사진을 꺼내
        서 본다.
        창밖을 내다보며 긴 숨을 내쉬는 정혜.

        암전.

4.

한 시간 후.

이부자리 위에 정혜가 누워있고, 현이 정혜의 얼굴에 얼음찜질을 해주고 있다.

스토브 주위에 양말, 수건, 장갑.

세 사람 모두 옷이 젖어있고 얼굴에는 한바탕 땀 흘린 흔적.

산하는 책상에 앉아 메모 노트를 봐가며 노트북으로 뭔가를 작성하고 있다.

현   (산하에게) 잠깐 안 보는 사이에 애를 이 모양으로 만들어놔.

현이 상처 부위에 손을 대자 정혜가 인상을 찌푸린다.

현   (정혜의 이마 주위를 유심히 보고) 많이 부었다.
정혜   (웃으며) 괜찮아요.
현   (산하에게) 돌 집어넣어서 던진 거 아냐?
산하   100퍼센트 눈이에요.
현   그런데 이렇게 돼?
산하   딱딱하게 뭉쳤거든요. 뒤통수 맞히려고 던졌는데…… 정확한 타이밍에 뒤를 돌아보더라고요.
현   ……뒤통수 맞았으면 기절했겠다.
산하   나도 많이 맞았어요.

현   (정혜에게) 그래?

        정혜, 끄덕인다.
        현, 만족한 표정.
        못마땅하다는 듯 두 사람을 쳐다보는 산하.
        현, 산하를 한번 돌아보고 일어선다.
        산하, 뭔가에 열중한 모습.
        현이 산하를 지나 창 쪽으로 간다.
        창밖에 눈 치우는 사람들 소리.

정혜   차는 움직일 수 있겠어요?
현   그럭저럭. 더 오면 곤란하고.
정혜   태어나서 처음이야…… (사이) 이런 눈.
현   ……

        현이 산하의 뒤에서 모니터를 본다.

현   뭐야?
산하   다음 작품.
현   제목이 뭔데?
산하   〈파리에서 생긴 일〉.
현   ……

        정혜가 일어나 앉는다.

아직 술이 덜 깬 상태.

뭔가를 찾으려는 듯 주위를 둘러본다.

산하   (정혜에게) 전공이 뭐예요?

정혜   나? ……비평.

산하   아-, 작은아빠 제자지. (워드를 치며) 좀 더 구체적으로. 뭘 연구해요?

정혜   문학 비평.

산하   더 구체적으로.

정혜   ……20년대 문학…… (사이) 지금은.

산하   20년대?

정혜   응.

산하   (생각하다가) 연대, 그런 거 말고. 뭘 연구해요? 거기 뭐가 있길래……

정혜   지금…… 대답해야 해?

산하   그래야 등장을 하죠. (정혜에게) 소설에.

정혜   나? 등장 안 해도 되는데……

산하   등장해야 되는데.

산하가 잠시 멈추고 정혜를 본다.

정혜   음…… 그 당시 사람들이 무엇을 봤고, 무엇을 꿈꿨고, 무엇을 쓰려고
      했는지…… 그리고 그 당시 사람들은 같은 시대를 사는 사람들의 생
      각을 어떻게 평가했는지.

산하   흠. (사이) 재밌어요?

정혜   (현을 바라보며) 재미?

산하   진짜 재미있어서 하는 거예요?

현, 정혜의 표정을 보고 웃는다.

정혜   ……음, 예전에는 재미있었어.
산하   뭐가 재미있었어요?
정혜   ……뭐가 재미있었냐 하면…… 음…… 온종일 도서관에서 자료를 찾
        고, 정리하고…… 그러면서 먼저 공부한 사람들이 어떤 자료들을 읽었
        는지, 어떤 논문을 썼는지 하나씩 알아가는 재미. 가슴이 떨리기도 하
        고. 작은 과제 하나가 해결됐을 때 느껴지는 그 뿌듯함은 설명하기 힘
        들어. 구하기 힘든 자료를 손에 넣었을 때…… 그 기분.

정혜, 산하 쪽을 돌아본다.
산하, 턱을 괴고 정혜를 쳐다본다. 말똥말똥.
정혜, 난처하다.

정혜   (생각난 듯) ……퍼즐을 맞추는 것 같은 재미. 그래, 오래된 자료를 찾
        아서 정리하고…… 하나씩 끼워 맞추는 거야. 그 시대의 원칙에 맞게.
        풍경이 만들어질 때까지…… 그 당시 경성京城의 거리, 동경東京의 거
        리, 건물, 옷, 모자, 책, 신문…… 사람들, 사랑, 욕망…… (사이) 하지만
        지금은…… 낙오되지 않으려고 해. 의무감 때문이기도 하고.
산하   무슨 의무감?
정혜   음…… 사람들에 대한…… 나에 대한……
산하   (양손을 깍지 끼어 머리 뒤로 보내며) 재미없는 거네.

정혜   ……
산하   좋아요.

　　　　산하, 다시 쓰기 시작한다.

현   나도 나오겠네?
산하   (다시 워드 작업을 하며) 응.
현   그게 재미있겠어?
산하   그럼요.

　　　　정혜, 양말을 찾아서 신는다.
　　　　아직 젖어있는지 다시 벗어서 스토브에 말린다.

현   등장인물부터 바꾸는 게 좋겠다.
산하   한 남자가 사라져요. 파리의 호텔에서.

　　　　사이.

산하   3층에서 5층으로 올라갔는데…… 사라져요.

　　　　현, 시선을 돌린다.

산하   로비에는 고양이가 있어요. ……역시 엔조가 좋겠어요.
정혜   엔조…… 예쁘다.

현   (정혜에게) 바닥에다 천천히 말려.

정혜   거의 다 말랐어요.

현   눈에 안 보이게 탄다니까……

정혜   괜찮아요.

산하   5층은 통째로 어떤 여자가 빌려서 쓰고 있어요. 여자. (아이디어를 짜
        내듯) 유명한 여배우…… 파리에서 성공한 사업가…… 평범하면 재미
        없잖아. (사이) 아무튼 꽤 커요. 처음 방문한 사람은 헤맬 수도 있어요.
        좌우도 비슷하고…… 한쪽으로 복도가 두 개씩이에요. 남자가 천천히
        원형 계단으로 올라가요. 벽에는 그림이 있고…… 〈물랭루즈〉?

현   ……

산하   모네?

현   쇠라.

산하   (잠시 생각하다가) 〈서커스〉?

현   음.

        산하가 현을 바라본다.

산하   (잠시 후) 좋아.

        산하가 원고를 고치는 것 같다.

현   언제부터 쓴 거야?

산하   파리에 도착해서. 남자는 (현을 보면서) 야망이 대단한 인물이에요. 유
        력 인사의 참모 정도 어떨까. K. 음…… 괜찮은데, K.

정혜가 산하 쪽을 바라본다.

현, 고개를 숙인 상태. 뭔가를 보고 있는 듯하다.

산하   그런데…… 1999년, 새해를 불과 몇 시간 앞두고, ……사라져요. 3층
        과 5층 사이에서.

현   하루키 같잖아. 사라지는 거. 그것도 호텔에서.

산하   그런가? (고개를 갸웃하고는) 좀 다른데…… 무의식의 세계 속으로 사
        라지는 게 아니라 그냥, 현실 세계에서 사라져요. 없어져요, 그냥 아
        웃!

현   K가…… 5층에서 여잘 만나는 거야?

산하   응.

창밖을 바라보고 있던 현이 손끝으로 안경을 올린다.

정혜가 두 사람을 번갈아 바라본다.

산하   이때가 서른일곱? 파리에 온 지 10년째 되는 해……

현   파리가 아니지. 99년이면…… 이미 오래전에 파리를 떠났잖아.

산하   (확인하려는 듯) 언제?

현   그 프랑스 사람하고 헤어지고…… 곧. 파리를 떠났어. 벨기에 출신 공
        학자와 결혼해서 릴로 간 거야. 그리고 거기서 아이도 낳았고.

산하   남자아이.

현   그래.

산하   참고할게요. (메모하며) 어쨌든 99년, 여자는 파리에 있어요. 5층에.

그래서 K는······ 여자를 만날 수 있었던 거예요.

현   그랬을 수도······

정혜   두 사람, 몇 년 만에 만난 거야?

산하   10년.

현   ······

산하   여자가 투병 중이라는 얘길 전해 듣고 파리로 간 거예요. 두 사람이
       만났어요. (사이) 복도 끝에 있는 문을 열고 들어가면 가쁜 숨소리가
       들려요. 여자예요. 지친 모습으로 앉아 있어요. 하지만 눈빛은 평온해
       요. (사이) 그리고······ 시간이 얼마나 지났을까······ K가 계단을 걸어
       내려와요. ······큰 충격을 받은 사람처럼 넋이 나가 있어요. ······음, 눈
       은 크게 뜨고 있지만 몸은 탈진한 상태예요. 터벅터벅······ 갈 곳을 잃
       은 발걸음이에요.

       침묵.
       정혜가 양말을 바닥에 놓고 손수건을 집어 스토브 앞에 펼쳐 든다.
       수건처럼 도톰한 손수건이다.

정혜   (조심스럽게) 거기서 뭘 본 거야?

산하   진실.

       현이 돌아본다.

산하   진실은 눈을 크게 뜨게 만들어요.

사이.

산하   (분위기를 바꿔서) 이때 한 사람 더 등장.
정혜   ……
산하   (워드를 정성들여 치며) 여자의 '또 다른 남자'. 여자한테서 영원히 벗
       어나지 못 하는 '또 다른 남자'. (혼잣말처럼) 나중에 열네 살 차이 나
       는 제자랑 섹스를 하게 됨.

       정혜, 고개를 돌린다.
       현, 그런 정혜를 바라본다.

산하   이 '또 다른 남자'는 K와 정반대의 성격을 가졌어요. 낮과 밤, 햇빛과
       달빛, 여름과 겨울, 동물과 식물만큼이나 두 사람은 달라요.
현   너무 도식적이면 알기는 쉬워도 촌스럽지.
정혜   그런데 아빠가 뭘 본 거야?

       산하, 정혜를 쳐다본다.

정혜   아니, 그 K가…… 그 방에서 본 진실이라는 게 뭔데?
산하   음…… 그 방에서 여자는…… 사랑을 나눴어요. 정말 사랑했던 그 '또
       다른 남자'와.

       정혜, 산하를 쳐다본다.

산하   오래전에.

사이.

산하   그리고 세월이 흘렀지만 여자는 그 방에서 살아요. 음…… 기억 속에
서.

현   꼭 그 방으로 설정해야겠니?

산하   '또 다른 남자'에 대한 기억이 방안에 가득해요. 사진, 그림, 편지, 책,
음반…… 휴지 조각까지…… 노란색……

이야기를 멈추고 산하가 고개를 뒤로 젖힌다.
정혜가 들고 있던 손수건에서 연기가 난다.

현   (돌아보고) 탄다니까.

정혜, 놀라서 손수건을 내려놓는다.
소나무 가지에 쌓였던 눈이 쏟아져 내린다.
현, 분류를 포기한 듯 손에 잡히는 책들을 그냥 상자에 담는다.

산하   어때요?

현   그런대로. (잠시 손을 멈췄다 일어나며) 나가봐야겠어. 진입로까지는
어떻게 해봐야지.

정혜   (일어나며) 같이 가요.

현   양말 또 젖어.

정혜   괜찮아요.

현   (밖을 보고) 사람들 나와 있으니까 괜찮아.

산하   이사, 내일 꼭 해야 돼요?

현   내일 못하면 복잡해져. 날을 다시 잡아야 하고, 스케줄이 다 엉망이
         돼.

산하   차가 못 들어오면?

현   그거야 하는 수 없지. (정혜에게) 걸어서 식량을 구하러 가야지.

정혜   정말 먹을 거 없어요?

현   없어.

정혜   갑자기 또 배고파지려고 해요.

현   그러게 누가 그렇게들 먹으래?

         현이 옷을 입고 나선다.

산하   두 사람이 사랑을 나눈 건 언제로 하면 좋을까요?

현   (반사적으로) 85년 6월 23일.

         현, 돌아서서 산하를 바라본다.
         잠시 침묵.
         현의 목소리가 왠지 비현실적으로 들린다.

현   역 근처에 있는 허름한 여인숙이었어. 기차 소리가 들렸어.

산하   ……

현   어디서 뭘 하다가 왔는지, 지저분한 티셔츠에 얼굴은 검게 그을렸

146

고…… 머리에선 냄새가 났어. 손도 지저분하고, 손톱 사이에 때가 까맣게 끼어 있고…… (사이) 취해 있었어. 돈이 필요하다고 해서…… 손목시계하고 전자계산기를 근처 전당포에 맡겼어. 돈을 건네주니까 고맙다고 하면서 가방에 넣더라고. 큰 가방.

현이 산하의 얼굴을 유심히 바라본다.

산하   그리고요?

현   ……음, 소주를 마셨을 거야, 별말 없이. (사이) 해방 신학……

산하   ……

현   뭐 그런 얘길 했던 것 같아, 간간이. 그랬겠지. 출판이랄 것도 없지만 그때 내가 그쪽 일을 돕고 있었으니까. 아무튼 그런 얘길…… 했던 것 같아. 그러다가…… 누웠어. 맨바닥에. (사이) 내가 안으려고 하니까 옷을 벗었는데……

현이 웃는다.
정혜가 현을 쳐다본다.
산하, 눈은 충혈되어 있지만 표정은 변화가 없다.

현   (정혜가 바닥에 깔아놓은 양말을 보며) 양말은 신고 있었어. 옷은 다 벗고. (사이) 그리고 내내 아무 반응이 없었어. 아무 반응 없이 그냥 눈을 감고 있었어…… 양말을 신고……

정혜, 고개를 숙인다.

산하, 입을 굳게 다물고 있다.
현, 산하를 보다가 시선을 돌린다.
긴 침묵.

산하   그리고 몇 달 뒤에 여자는 결혼을 해요.
현   그래.
산하   K하고.
현   그래.
산하   (워드로 원고를 쳐내려 가며) "K는 교도소에서 출감한 지 두 달 쯤 지
        난 어느 일요일 여자와 결혼식을 올린다. 동생이 사랑한 여자를 빼앗
        은 것이다."

        산하의 눈이 조금 더 붉어진 것 같다.

산하   (조용히) 그리고 이듬해에 딸이 태어나요.
현   맞아.

        다시 침묵.
        산하는 태연하게 하던 일을 마저 한다는 듯 다시 워드를 친다.

산하   (분위기를 바꿔서) 다시 진실에 눈을 뜬 부분.

        정혜가 의자 깊숙이 몸을 기댄다.

산하   호텔 방. K에게 여자가 사진 한 장을 건네줘요. 여자가 정말 사랑했던, 그 '또 다른 남자'의 사진이에요. 대학 때 찍은 사진. 바닷가예요. 강릉? 속초?

현   태종대. 사진에는 그때 봤던 바닷물 색깔이 안 나왔어.

산하   사진을 받아든 K의 표정이 굳어요. "왜 지금 이 사진을……" 그리고 여자가 어렵게 입을 열어요. 딸에 대한 이야기를 들려주는 거예요. K는 미동도 없이 그 이야기를 들어요. 그리고 한동안 두 사람은 말없이 앉아 있어요. 그림처럼. (사이) 그리고 K가 계단을 내려오는 모습이 보여요…… 눈을 크게 뜨고. 아주 크게 뜨고……

현이 책상에 걸터앉는다.
그때 다시 전화벨이 울린다.
현이 수화기를 든다.

현   여보세요. (사이) 예. 지금 나갑니다. (사이) 예.

정혜가 돌아본다.

현   마저 치워야 할 것 같아. (정혜에게) 피곤하면 좀 누워.

정혜   아니에요.

현   양말 다 말랐어?

정혜   (만져보고) 아직요.

현   (나가다가 돌아서서 산하에게) 만취 상태에서 일어난 사고였어. 있을 수 있는 사고야.

산하   (단호하게) 릴에 가서 엄마를 만났을 거예요.

현   그건 확인이 안 돼.

산하   아니면 파리로 왔을 거예요.(사이) ……엄마가.

현   그것도 확인할 수가 없어.

산하   틀림없이 만났어요.

현   그랬을 수도 있지. ……아마도……

산하   내 생일, 4월이에요. 10일.

현   알아.

산하, 고개를 돌린다.

현   (산하를 달래듯) 그때…… 날 찾아왔을 때, 그때 이미 엄마는 너희 아빠
        를 만나고 있었어.(사이) 그것도 사실이야.

현, 산하의 뒷모습을 보다가 고개를 돌린다.
그리고 잠시 후 정혜를 피하려는 듯 밖으로 나간다.
산하, 조용히 앉아 있다.
침묵.
창문에 불빛. 다시 사라진다.
정혜, 산하를 잠시 쳐다보다가 양말을 신는다.
다시 워드 작업을 시작하는 산하. 손놀림이 갑자기 빨라진다.

정혜   (조심스럽게) 잘 될 것 같아?

산하, 고개를 끄덕인다.

정혜   저기……
산하   (가볍게) 음?
정혜   그 사진 좀 볼 수 있을까?
산하   (아무렇지도 않게) 어떤 거요? 작은아빠 거?
정혜   응.

산하가 책상 한 곳에 놓여있던 사진을 건넨다.
정혜가 일어나 사진을 받는다.
물끄러미 사진을 바라보는 정혜.
눈에 눈물이 고인 것 같다.

정혜   (웃으며) 머리가 장발이네. (사이) 정말 앳된 청년이다.
산하   20년대 사람들이 무슨 생각을 했어요?
정혜   응?
산하   그거 연구한다면서요. 뭘 생각했냐구요.
정혜   여러 가지. ……시대. ……현실, 미래…… 변화, 희망……
산하   지금하고 다를 게 없잖아요.
정혜   그래. 다를 게 없어.
산하   다른 건 뭐예요?
정혜   음…… 우리보다 나이가 많아 보인다는 거. 스무 살 처녀가 사십 대 중
        년처럼 말해.
산하   그건 성숙하다는 얘기?

정혜   평균적으로.

산하   또 뭐가 달라요?

정혜   열정……

산하가 정혜의 얼굴을 바라본다.

정혜   아닌가? 별로 다를 게 없나? (사이) 아니야, 달라. 삶에 대한 열정. 인간
        에 대한 열정. 우리하고 볼트 수가 달라. ……적어도 나하고는.

산하   (메모를 하며) 열정…… 그렇게 쓸게요.

정혜   뭘?

산하   "그녀가 낮은 소리로 중얼거렸다. 열정이 다르잖아…… 그녀는 사랑
        을 갈망하고 있다."

정혜   제목이 뭐라고?

산하   〈열정〉.

정혜가 소리 내어 웃는다.
그때서야 겨우 눈에 고였던 눈물을 닦아낸다.
산하가 창문 쪽으로 간다.

정혜   내가…… 뭔가 해줘야 하는 거 아닌가? (산하를 보고) 산하한테. 아니
        면 조용히 사라져 주던가.

산하   잘못하면 영원히 사라질 수도 있어요. 눈 속으로.

정혜   (웃으며) 그렇겠지?

산하   작은아빠, 따뜻한 사람이에요.

152

정혜   ······

산하   난 언제부턴가 작은아빠를 그냥 아빠로 여기고 살기로 했던 것 같아
       요. 내가 그렇게 결정한 거예요. 동의도 구하지 않고. 하지만 결정을
       번복하거나 할 필요가 없었어요. 이제까지 작은아빠는 늘 그런 존재
       로 내 곁에 있었어요.

       정혜가 이부자리를 걷고 그 자리에 다소곳이 앉아 사진을 바라본다.

산하   가끔 작은엄마가 불쌍하다는 생각도 해요. 나쁜 사람은 아니었어요.
정혜   선생님도 그렇게 얘기했던 것 같아.
산하   작은아빠, ······특별해요, 언니한테.
정혜   ······산하한테 특별해.

       산하, 웃는다.

정혜   ······

       산하가 멍하니 창밖을 바라본다.
       그 뒷모습을, 이번에는 정혜가 보고 있다.
       정혜, 산하에게 다가가려고 하다가 그만둔다.
       아직 바닥에 널려있는 책들이 있다.
       정혜, 그것들을 상자에 담는다.
       책 한 권을 펼쳐본다.

정혜 (책을 훑어보며) 진실을 알 수만 있다면 얼마나 좋을까……

산하가 다시 자리에 앉는다.

정혜 세미나 수업 때, 대학원 막 입학했을 때…… 선생님이 그런 말씀 하셨
거든. "연구를 통해 밝혀지는 것은 사실관계일 뿐이다. 그것으로 진실
을 밝힐 수 있다고 생각하면 그건 착각이다. 그러나 우리는 진실을 추
적하려고 애쓴다. 그렇게 애쓴 결과를 기술하는 것이다."

산하가 다시 워드를 친다.
차분하고 리드미컬하다.

정혜 "그러니 '너의 진실'에서 출발하라. 역사적인 접근은 결국 '너의 진실'
로 사실을 재구성하는 과정이다." 반발도 심했지. 원론적인 얘기로 고
민하는 거, 대부분 좋아하지 않잖아. 빨리 논문 쓰고 졸업하고 취직해
야 하는데. 말하기 좋아하는 선배들이 걸고넘어질 때 선생님이 함께
읽어보자고 했던 게, 이 책이야.

산하가 힐끗 쳐다본다.

정혜 (천천히 책을 넘기며) 뻔한 내용이라고 다들 뒤에서 비웃었어. 뭔가 새
로운 걸 들고나올 줄 알았으니까. (한 구절을 찾아내서) "역사란 본질적
으로 현재의 눈을 통해서 그리고 현재의 문제들에 비추어 과거를 바
라보는 것이며, 역사가의 주요한 임무는 기록하는 것이 아니라 평가

하는 것임을 의미한다."

산하가 의자에 기대어 듣는다.

정혜   …… (책을 닫으며) ……그런 걸 거야. "사실은 인정하나 진실은 다른
       곳에 있다."…… "진실은 개별적인 것이다. 그것이 인간에 관한 것이
       든, 시대에 관한 것이든"……
산하   (노트를 넘기며) 하지만 아빠가 엄마를 사랑했다는 건 인정해야 해요.
정혜   (끄덕이며) 그래. 엄마가 끝까지 선생님을 사랑했던 것도.
산하   ……
정혜   ……인정하게 될 거야.

       잠시 침묵.

       산하가 책상을 가볍게 치고 일어난다.
       뭔가를 찾다가 바닥에 있던 와인병을 든다.
       책상 위에 있던 컵에 와인을 따라 한 모금 마신다.

정혜   (조심스럽게) 엄마는 그때…… (사이) 엄마는 최선을 다했던 거 아닐
       까…… 그 상황에서, 자신에 대해서……
산하   자신에 대해서만.
정혜   아니, 그렇다기보다…… 삶에 대한 욕망, 인간다운 인간이고 싶은 욕
       망…… 누구든 자신을 추스를 수 있는 길을 찾잖아, ……뭐 그런 거.

산하가 정혜를 뚫어지게 바라본다.

와인을 한 모금 더 마신다.

정혜가 컵을 들고 일어나 산하에게 다가간다.

산하가 정혜에게 와인을 따른다.

두 사람, 와인을 마신다.

산하   (정혜의 눈을 똑바로 바라보며) 모르겠어.

정혜   우리가 알 수 있는 건 사실관계 뿐이야. 그리고 '우리의 진실'로 재구
       성하는 거지.

산하   (장난스럽게) 내가 누구 딸 같아요?

정혜   (산하의 얼굴을 뚫어지게 보다가) 모르겠어.

산하   재구성해 봐요.

정혜, 웃는다.

그때 현이 장갑으로 눈을 털며 들어온다.

손발이 얼어있다.

두 사람을 잠시 바라보다가 젖은 양말을 벗고, 이불 밑에 손을 넣는다.

현   썰매 탈래?

두 사람, 현을 바라본다.

현   내일 아침에. 뒷산 언덕에 비료 포대 가지고 올라가면 50미터 정도 미
       끄러져 내려와.

정혜   (밖을 보며) 도대체 이 동네에 몇 사람이나 살아요?

현   꽤 돼. 열 명은 나온 것 같아.

정혜   흠.

현   내일 새벽에 이장이 포클레인 끌고 오기로 했어. 이사는 문제없을 거
     야.

정혜   잘됐네요.

현   (두 사람을 번갈아 쳐다보고) 싸웠어?

     정혜가 산하를 쳐다보며 웃는다.
     현이 책상으로 가서 노트북을 본다.

현   (산하에게) 다 끝났어?

산하   재구성해야 해요.

현   뭘?

산하   다. 모두 다.

현   ......

산하   (노트북을 닫고 일어나며) 자, 오늘 파티하기로 했잖아요? 파티해요.

현   또 무슨 파티야, 아까 그렇게 먹고.

산하   그건 먹은 거고.

     산하가 카세트 플레이어 있는 쪽으로 가서 버튼을 누른다.
     〈고 웨어 유 워너 고〉가 흘러나온다.

산하   (두 사람에게) 춤춰요, 우리.

산하가 음악에 맞춰 노래를 따라 부르며 춤을 춘다.
아주 경쾌하게.

"……You don't understand
That a girl like me can love just one man
Three thousand miles, that's how far you'll go
And you said to me
'Please don't follow'……"

산하   (정혜에게) 춰요, 같이.

정혜는 손을 저으며 뒤로 물러나 앉는다.
현이 산하를 보며 웃는다.

정혜   (현에게) 같이 추세요.
현   춤은 무슨……

그때 산하가 현의 손을 잡는다.
산하의 움직임이 더욱 경쾌해진다.
처음엔 그냥 서 있다가 어정쩡한 포즈로 춤을 추는 현.
정혜, 두 사람을 바라보다가 고개를 돌린다.
시간이 지나면서 두 사람의 몸짓이 자연스럽게 어우러진다.
밖에는 눈이 완전히 그쳤다.

바람에 쌓였던 눈이 날린다.

암전.

5.

햇살이 눈 부신 아침.

마을이 온통 새하얀 눈으로 뒤덮였다.

새벽부터 포클레인 소리가 요란하더니 지금은 좀 멀어졌다.

방안의 짐은 어느 정도 정리된 상태.

포트에서 물이 끓는다.

정혜, 책상에 앉아 전화 통화를 하며 이것저것 메모 중이다.

정혜 네. 그럼 몇 시쯤 방문하시나요? (사이) 오전 중으로 끝날 것 같은
데…… (사이) 그럼 아홉 시로 알고 있겠습니다. (사이) 네? (사이) 저
희가 출발하기 전에 검침하시면 좋을 것 같아서요. (사이) 네. 부탁드
리겠습니다.

전화 끊고, 메모.

현이 책 상자를 들고 들어온다.

다른 상자 옆에 놓고 목장갑을 벗는다.

정혜, 일어나 책 상자를 본다.

정혜 또 있어요?

현 이게 마지막이야.

정혜 새벽에도 마지막이라고 했잖아요. 좀 버리세요, 제발.

현, 상자 위에 앉는다.

현   부동산?

정혜   오늘 다 처리되는 거예요. 전기, 오전 중에 오기로 했고요, 가스통은
      그냥 놔두면 된대요. 수도는 반장님한테 회비 포함해서 다 지불했어
      요. 끝.

      현, 아무 말이 없다.
      정혜, 물을 받으러 포트를 들고 나간다.
      현, 책상 위에 놓인 상자에 눈이 간다.
      책상으로 가서 상자를 열고 사진 두 장을 꺼낸다.
      잠시 사진을 바라보는 현.
      그것들을 다시 상자에 담고, 생각에 잠긴다.
      정혜가 포트를 들고 들어와 물을 끓인다.

정혜   (현을 바라보다가) 섭섭하세요?

현   아니.

정혜   (생각난 듯) 어디 갔어요?

현   산하?

정혜   네.

현   썰매 타러.

정혜   정말요?

현   소리 못 들었어?

정혜   아니요.

현   계속 질러대더니 지금은 잠잠하네. (사이) 뭘 하는지……

정혜, 창밖을 다시 한번 본다.

정혜   안 보이는데……
현   여기서는 잘 안 보여.
정혜   글…… 잘 써요?
현   꽤.
정혜   어떤 걸 써요?
현   죽은 사람 이야기.
정혜   우울하겠네요.
현   그렇지도 않아. (사이) 그런 것도 있고. 아직 어린애 같은 데도 있
      고……
정혜   맑은 느낌이에요.
현   ……

정혜, 현을 물끄러미 쳐다본다.

현   걱정이야. (정혜를 보고) 기복이 심해. 언제 가라앉을지 몰라.
정혜   ……심각한 정도예요?
현   음. 한번은 고2 때, 또 한번은 대학교 2학년 때. 두 번째는 정말 위험
      했어.
정혜   (조심스럽게) 전혀 그렇게 안 보이는데……
현   이번에도…… (사이) 어차피 상처잖아. (사이) 상처받는 사람만 계

162

속…… 이렇게 상처를 받아. 시간이 지나도. 시대가 바뀌어도……

정혜   그렇지 않을 수도 있어요.

현, 정혜를 돌아보고, 상자에 앉은 채 몸을 한번 웅크렸다 편다.

현   ……내가 어떻게 알겠어…… 그냥……

정혜, 수긍하지만 한편으로 뭔가를 말하고 싶은 표정.

현   여행을 가는 건 어떨까 생각했어. 산하하고.

정혜   좋을 거예요.

현   좋다고 할지……

정혜   그럴 거예요……

현   그럴까……

잠시 멈췄던 포클레인 소리가 다시 들린다.

정혜   다리까지 갔나 봐요?

현   거의.

현이 방안을 둘러본다.

현   이거, 꽤 잘 지은 건데…… 명이 짧군. 주인을 닮아서.

정혜   이 방은 아주 없앤대요?

현   그럴걸. 이걸 쓸데가 있겠어?

        현이 일어난다.

현   배 안 고파?

        정혜, 고개를 젓는다.

현   어제 그 얘기는 뭐야?
정혜   음?
현   ……
정혜   ……

        정혜, 코트를 입는다.

현   (잠시 생각하다가) 집으로 갈 거야?
정혜   네.

        사이.

정혜   (현을 보며) 어제는 정말 긴 하루였어요.
현   거의 못 잤잖아.

        정혜, 웃는다.

산하가 뛰어 들어온다.

산하　(바깥쪽을 가리키며) 이삿짐 차!
현　　왔어?
산하　(가쁜 숨을 몰아쉬며) 다리에서…… 지금 꺾어 들어와요.

현이 서둘러 나간다.
산하, 약간 어색한 듯 웃으며 정혜를 쳐다본다.
정혜가 웃으며 산하를 바라본다.

산하　안녕하세요! (장난스럽게) 누구시더라?
정혜　안녕!
산하　예뻐요!
정혜　썰매, 재미있어?
산하　(끄덕이며) 타 볼래요?
정혜　나중에.
산하　나중에 언제?
정혜　……아- (포트 쪽으로 가며) ……차 마셔.

정혜, 물을 따라서 산하에게 건넨다.
산하가 컵을 받는다.

산하　(한 모금 마시고) 음-, 최고예요.

산하가 창밖을 본다.
정혜가 산하를 바라본다.

산하   얼굴 타겠어요.
정혜   그러게.

        잠시 침묵.

산하   여름에 와본 적 있어요?
정혜   아니.
산하   ……
정혜   시원할 것 같아. 잣나무가 많아서.

        산하, 고개를 끄덕인다.
        산하가 큰 숨을 한번 내쉬고 밖을 찬찬히 훑어본다.
        창밖 풍경을 하나씩 확인하는 듯하다.

산하   끝이에요, 이제.
정혜   …… 결국 고라니 못 보고 가네.
산하   포클레인 때문이에요. (사이) 눈밭에 포클레인, 너무 안 어울려요. 눈
        더미를 개울로 쓸어내려요. 개울이 땅보다 더 높아졌어요.

        정혜, 포트에 물을 넣고 끓인다.

정혜   어디로 가?
산하   파리로.
정혜   지금?
산하   음…… (생각하다가) 응.
정혜   할머니 댁에 안 들르고?
산하   응.

산하, 돌아보고 웃는다.
차를 한 모금 마시고 다시 창밖을 본다.

산하   좀 오래 있을 거예요, 이번엔.
정혜   그래……
산하   추울 거예요…… 파리……

정혜, 한쪽에 놓여있던 머플러를 들고 산하 쪽으로 간다.
산하의 목에 그것을 둘러준다.

정혜   놀러 가도 돼?
산하   정말?
정혜   보고 싶을 거야.
산하   ……

한동안 침묵이 흐른다.

정혜   선생님은 함께 가고 싶어 하는 눈치던데……

잠시 생각하다가 고개를 젓는 산하.
다시 창밖으로 눈을 돌린다.
밖에서 차 소리. 커진다.
현이 들어온다.

현   해장국 먹으러 가지.

두 사람, 현을 쳐다본다.

정혜   여기 그냥 놔두고?
현   할 거 없어. 저 사람들이 다 해.
정혜   (포트와 컵을 들고) 이것만 버리고 올게요.

정혜, 나간다.
현이 마지막 정리를 한다.

산하   여기, 생각날 거예요. 자주.
현   그럴 거야.
산하   할머니, 이 집 왜 지으셨대요?
현   여길 좋아하셨어. (사이) 큰아들 이혼하고 그 이듬해에 이걸 지었으니까, 나중에 여기서 같이 살려고 지었나, 큰아들하고…… 글쎄…… 한동안 나하고는 상관없는 곳이라고 생각했어.

산하 아직도 미워요?

현 …… 글쎄.

산하가 눈을 깜빡이다가 손으로 눈을 비빈다.

그 모습을 바라보는 현.

마치 그 누군가의 모습을 바라보는 것처럼.

잠시 그렇게.

현 (혼잣말처럼) 이 방이 없어지고 나면…… 또 달라지겠지……

산하 사람을 알게 되면 더 외로워지나 봐요.

현 ……

산하 진실이 알고 싶어지니까…… (사이) 정말 하고 싶은 말이 있었을 텐데……

현 (웃으며) 메모 해둬야겠다. "그 시대를 알게 되면 더 외로워진다. 그 시대의 진실이 알고 싶어지기 때문이다."

정혜가 포트와 컵을 들고 들어온다.

현 "정말 하고 싶은 말이 있었을 것이다."

정혜 뭐가요?

산하 (나가며) 언니가요. 정말 하고 싶은 말이 있을 거래요. 해장국 먹으러 가요.

정혜 ……

현 나한테 할 말 있어?

유 돈 언더스탠드 169

정혜   어떻게 알았어요?

현   (나가며) 해장국 먹고 와서 듣자.

정혜, 손에 묻은 물기를 현에게 튕긴다.

현   차가워!

현, 나간다.
정혜, 포트와 컵을 책상 위에 놓는다.
옆에 놓인 카세트 플레이어에 시선이 멎는다.
플레이어에서 테이프를 꺼낸다.
잠시 바라보다가, 노란색 냅킨이 들어있던 상자를 찾아 테이프를 조심스
럽게 그 속에 담는다.
밖에서 차 소리, 그리고 소음.
정혜가 창밖을 내다본다.
따가운 햇살을 받아 눈이 조금씩 녹아내리고 있다.

암전.

끝.

2010

송선호Seonho Song

1963   서울 출생

공연

1991   에우리피데스Euripides 작 〈녹색 인간을 위한 진혼곡 (원작-히폴리투스 Hippolytus)〉 각색·연출. 공간사랑 소극장

1992   〈바리데기〉 작·연출. 장흥토탈미술관 소극장

1993   소포클레스Sophocles 작 〈전사의 자식들 (원작-엘렉트라Electra)〉 각색· 연출. 바탕골 소극장

1999   아이스킬로스Aeschylus 작 〈오레스테스 3부작Oresteia〉 연출. 두물워 크숍

2003   마쓰다 마사타카松田正隆 작 〈바다와 양산海と日傘〉 번역·연출. 교토 아트센터

2005   베스야쿠 미노루別役実 작 〈세상을 편력하는 두 기사 이야기諸国を遍歴 する二人の騎士の物語〉 번역·연출. 아르코예술극장 소극장

        셰익스피어W. Shakespeare 작 〈로미오와 줄리엣Romeo and Juliet〉 각 색·연출. 대전예술의전당 앙상블홀

2006   욘 포세Jon Fosse 작 〈가을날의 꿈Draum om hausten〉 연출. 아룽구지 극장

2008   정영욱 작 〈남은 집〉 연출. 게릴라극장

2009   브라이언 프리엘Brian Friel 작 〈루나자의 춤Dancing at Lughnasa〉 연

출. 대전예술의전당 앙상블홀

이강백 작 〈죽기 살기〉 연출. 대학로예술극장 대극장

2010 〈유 돈 언더스탠드You don't understand〉 작·연출. 미마지아트센터 눈빛극장

아돌 후가드Athol Fugard 작 〈메카로 가는 길The road to Mecca〉 연출. 대학로예술극장 대극장

2011 요나스 하센 케미리Jonas Hassen Khemiri 작 〈침입Invasion〉 연출. 아르코예술극장 소극장

2012 브라이언 프리엘Brian Friel 작 〈몰리 스위니Molly Sweeney〉 연출. 미마지아트센터 눈빛극장

2014 엘링 옙센Erling Jepsen 작 〈이 세상에 머물 수 있게 해달라는 남자Manden som bad om lov til at være her på jorden〉 연출. 세실극장

2016 〈어떤 동산〉 작·연출. 문화공간 엘림홀

2017 욘 포세Jon Fosse 작 〈나는 바람Eg er vinden〉 연출. 아르코예술극장 소극장.

2018 〈코스모스 속 세포 하나의 고독 (푸른 하늘 저 멀리 랄랄라)〉 작·연출. 미마지아트센터 눈빛극장

2020 〈하늘 정원〉 작·연출. 대전 드림아트홀

수상

2004 한국연극평론가협회 올해의 베스트3 선정

2004 제1회 PAF 연출상

2005 제41회 동아연극상 작품상

2005 한국문화예술위원회 올해의 예술상

2011 PAF 예술상 주목할 신작 작품상

푸른 하늘 저 멀리 랄랄라 · 유 돈 언더스탠드

송선호 희곡

초판 1 쇄 발행 ㅣ 2021년 11월 19일

발행인   이성임
발행처   동소문출판사
편집   김유경

동소문출판사
02833 서울특별시 성북구 동소문로 25-26 B1
출판등록 2021년 9월 29일 제 2021-000082호
전화 02)3674-6287   팩스 02)3674-6288

Published by Dongsomun Books
B1, 25-26, Dongsomun-ro, Seongbuk-gu, Seoul 02833, Korea
Phone 82 2 3674 6287   Fax 82 2 3674 6288

editor@dongsomun.com
www.dongsomun.com

정가 12,000 원
ISBN   979-11-976495-0-9 93680